JOGUE A SEU FAVOR

CÉSAR SOUZA

JOGUE
A SEU FAVOR

Vire a sorte trabalhando por conta própria

Prefácio de
CARLOS WIZARD MARTINS

2ª edição

best.
business
RIO DE JANEIRO – 2017

CIP-BRASIL. CATALOGAÇÃO NA FONTE
SINDICATO NACIONAL DOS EDITORES DE LIVROS, RJ

Souza, César

S714j   Jogue a seu favor / César Souza. – 2ª ed. – Rio de Janeiro:
2ª ed. Best Business, 2017.
       160 p.; 14 × 21cm.

      ISBN 978-85-68905-24-1

      1. Empreendedorismo. I. Título.

                            CDD: 658.11
16-35920   CDU: 658.016.1

Jogue a seu favor, de autoria de César Souza.
Texto revisado conforme o Acordo Ortográfico da Língua Portuguesa.
Segunda edição Best Business impressa em janeiro de 2017.

Copyright © 2015, César Souza.
Todos os direitos reservados. Proibida a reprodução, no todo ou em parte, sem autorização prévia por escrito da editora, sejam quais forem os meios empregados.

Design de capa: Carolina Vaz.

Direitos exclusivos de publicação em língua portuguesa para o Brasil adquiridos pela Best Business, um selo da Editora Best Seller Ltda. Rua Argentina 171 – 20921-380 – Rio de Janeiro, RJ – Tel.: (21) 2585-2000.

Impresso no Brasil

ISBN 978-85-68905-24-1

Seja um leitor preferencial Best Business:
Cadastre-se e receba informações sobre nossos lançamentos e nossas promoções.

Atendimento e venda direta ao leitor: sac@record.com.br ou (21) 2585-2002.
Escreva para o editor: bestbusiness@record.com.br

www.record.com.br

Dedicatória

À Cris Patsch, com o afeto que transcende qualquer outro motivo.

Aos meus filhos Thomas, Júlia e Yasmim, torcendo para que saibam fazer as escolhas que os façam felizes.

Aos milhões de brasileiros desempregados no exato momento em que concluo este livro.

Aos heroicos empreendedores que, nadando contra a maré da burocracia e dos custos proibitivos de uma legislação arcaica e cartorial, "teimam" em criar e em manter seus negócios em pé.

Aos estudantes de ensino superior e de ensino técnico que sonham em trabalhar por conta própria como uma saída para a encruzilhada que herdaram.

Às diversas mulheres cujo espírito empreendedor me inspirou a compor e a contar esta história por meio do relato de uma delas.

Agradecimentos

Aos colegas da Empreenda e do EdE — Espaço do Empreendedor, que têm me incentivado a persistir no sonho de contribuir para transformar o Brasil por meio do empreendedorismo competente, sadio, cidadão e humanista.

A Milton Camargo, Paulo Castro, Delmas Penteado, Alfredo Duarte, Tadeu Pagliuso, Robson Henriques e Vanda Souza pelas inúmeras dicas, força e encorajamento.

À Luciana Villas-Boas, mais que uma agente, conselheira da minha carreira literária.

Aos meus editores Bruno Zolotar e Silvia Leitão, incansáveis na tarefa de tornar minha obra tangível.

À Cristina Nabuco, sempre vigilante para reparar as imperfeições de meus textos.

Sumário

Prefácio • 11

A encruzilhada • **13**
Esse beco tem saída?

Semana 1
Qual o posicionamento do meu negócio? • **35**

Semana 2
Quem é o cliente a quem pretendo servir? • **47**

Semana 3
Qual o perfil da equipe que preciso mobilizar? • **61**

Semana 4
Quais os resultados desejados? • **77**

Semana 5
Quais as competências que necessito adquirir? Como
buscar parceiros e investidores? • **89**

Semana 6

Quais os sistemas e processos necessários para controlar o negócio? • **103**

Semana 7

O Plano de Negócio com Alma® • **113**

Semana 8

O "eu" da questão • **123**

E agora, leitor?

Superdicas para você trabalhar por conta própria • **137**

Workbook: versão digital
www.ede.net.br • **143**

Prefácio

Jogue a seu favor

Tenho grande estima e admiração por César Souza, autor que fala com propriedade de temas importantes para todos aqueles que têm o desejo de tirar a ideia do papel e transformá-la em um negócio de sucesso. Além de escritor, César é um consultor e palestrante com foco em estratégia, desenvolvimento de líderes e relação com os clientes.

Por meio da história de Ceres, personagem central do livro, César me levou a refletir sobre como é importante estar preparado para encarar os desafios da vida. A mudança, em qualquer setor, requer disposição e força de vontade para seguir em frente. Mais do que isso, a mudança requer despir-se de velhos pré-conceitos e estar aberto a novidades.

Às vezes somos surpreendidos pela vida e, para que coisas boas aconteçam, precisamos passar por situações que, em um primeiro momento, parecem problemas. Na verdade, são oportunidades que recebemos para virar a página e escrever uma nova história.

Jogue a seu favor é um guia para toda pessoa que quer se reinventar. Com um texto fácil e bastante agradável, César Souza ensina como planejar, delinear e executar um negócio bem-sucedido.

Assim como eu, o autor acredita que o sucesso acontece quando a preparação encontra a oportunidade. Portanto, prepare-se, fique atento ao que acontece ao seu redor e no mundo: você está a um passo de uma nova vida.

Bem-vindo ao mundo de Ceres. Boa leitura!

Carlos Wizard Martins
empresário, fundador da Escola de
Idiomas Wizard e autor do best-seller
Desperte o milionário que há em você

A encruzilhada

Esse beco tem saída?

Receber a notícia da demissão é como ser diagnosticado com uma doença que ainda não tem cura. Você precisa se reinventar para renascer profissionalmente. Trabalhar por conta própria é uma saída para quem está disposto a lutar para virar o jogo a seu favor.

O mar não está para peixe!

Não foi por falta de competência. Meu chefe fez questão de frisar que eu estava sendo demitida por causa do enxugamento que terá de ser feito na empresa, agora que as vendas estão paralisadas.

Ele ressaltou meu bom desempenho durante todos esses anos. Não estava fazendo nenhum favor ao me elogiar. Sempre fui pontual, colaborativa, respeitada pela minha equipe, por colegas e pelos superiores. Sempre entreguei mais do que o esperado do meu trabalho, do que está descrito no meu cargo e do que é solicitado pelas chefias.

Jamais cogitei a possibilidade de um dia perder meu emprego. E de forma tão inesperada, afinal havia sido promovida três vezes nos últimos cinco anos; tive aumento salarial quase todos os anos. E, puxa vida, logo numa sexta-feira à tardinha, véspera do meu aniversário.

O chefe me chamou para conversar. Começou enfatizando várias qualidades que percebia em mim: "Ceres, você sabe que é uma boa profissional. Tem iniciativa, perseverança, responsabilidade, foco nos resultados, simpatia, bom relacionamento com todos, liderança etc. e tal." Fiquei toda feliz. E aí soltou a bomba. Muito constrangido, disse que estava cumprindo ordens e me demitiu.

Uma frase sua ficou martelando em minha cabeça: "Você tem até um bom tino para negócios, o brilho no olho típico dos empreendedores." Sei que ele estava tentando aliviar minha decepção, que eu não conseguia esconder.

Estou num impasse. Preciso encontrar uma saída urgente, outro emprego, a fim de poder arcar com os inúmeros compromissos já assumidos com o salário de que dispunha.

Tenho um filho de 16 anos, que sempre me trouxe muita alegria. Estou divorciada há seis. Precisei me separar. Meu ex-marido sempre foi boêmio, viciado na jogatina e nunca teve emprego fixo. Cheguei a suspeitar que tinha uma amante, mas me convenci de que sua verdadeira "amante" é o jogo.

Sempre sustentei a casa. Nunca recebi pensão, pois aquele folgado mal paga suas próprias contas.

Meu filho não puxou ao pai. É tão esforçado que passou na seleção para um intercâmbio com duração de um ano em Montreal, no Canadá. Está lá há dois meses, feliz da vida, aprendendo dois idiomas simultaneamente: inglês na escola e francês na casa onde fica hospedado. A família que o acolheu é ótima. O casal tem dois filhos, um rapaz de 18 e uma menina de 14. O pai é professor universitário. A mãe é enfermeira, trabalha à noite no hospital público para complementar a renda da família. No próximo mês, eles farão uma pequena viagem de carro, para Washington, a capital dos Estados Unidos, durante um feriado prolongado. Meu filho está vibrando com essa possibilidade e prometeu me mandar uma foto na frente da Casa Branca.

Sempre o estimulei a correr atrás de seu sonho. Ele não sabe ainda se vai fazer medicina ou ciência da computação. Mas isso pouco importa agora; o relevante foi abrir portas para ele conhecer várias possibilidades e outros modos de vida antes de tomar uma decisão sobre seu futuro profissional. Nunca apreciei quando as pessoas, com um sorriso meio sem graça no canto da boca, perguntavam a ele: "O que você vai ser quando crescer?"

Por isso, dei a ele todo o apoio quando decidiu se inscrever para o intercâmbio. Ajudei meu menino a se preparar, mesmo sabendo que, se desse certo, teria uma cota de sacrifício. A taxa mensal a ser paga em dólares consumiria boa parte do meu salário e do orçamento familiar. Ainda assim, sempre torci pelo sucesso daquela iniciativa. Inclusive abri mão de desfrutar de um cruzeiro marítimo com o dinheiro que sobrava do nosso orçamento mensal. Preferi investir no futuro do meu filho. E logo no pagamento da primeira parcela do intercâmbio já tomei um susto: a taxa cambial disparou, e as mensalidades eram em dólar. Nem preciso lembrar que meu salário sempre foi em real, né?

Agora, com a demissão, preciso achar um jeito de custear as despesas do rapaz, que é menor de idade e não pode trabalhar fora. Fui reler o contrato de intercâmbio que assinei e vi que as alternativas são limitadas: ou pago, ou ele volta, e ainda teria de arcar com uma multa.

Listei quem da família poderia ajudar, mas desisti da ideia. As posses de todos são muito limitadas. Minha irmã, a mais próxima de mim, havia retirado a filha do colégio particular e a matriculado em uma escola pública, por falta de condições de pagar as mensalidades. Pensei no padrinho do garoto, mas este havia sido uma escolha forçada pelo pai. O sujeito se insinuou para mim duas ou três vezes, cheio de segundas intenções. Decidi me afastar do pilantra.

Minha origem é humilde. Sempre tive de lutar pelo dia a dia. Acalentei sonhos, mas mantive os pés firmes no chão. Decidi priorizar as contas a pagar no final de cada mês, inclusive as prestações da casa própria, que consegui adquirir com bastante sacrifício.

As reservas de que disponho numa poupança só são suficientes para as próximas três ou quatro mensalidades do intercâmbio. Terei direito a certa indenização pela demissão, mas...

Resolvi ir imediatamente à luta e procurar um novo emprego. Coloquei meu perfil na internet, procurei agências de emprego, falei com amigos, mandei meu currículo para muita gente de empresas similares, bati em diversas portas. O máximo que consegui foram algumas entrevistas que deram em nada!

Como hoje, por exemplo. Cheguei à minha casa após ouvir um quinto e sonoro: "Desculpe, mas não estamos contratando!"

Durante um banho refrescante, comecei a rememorar algumas partes da minha história.

Nasci no interior de São Paulo, filha de um pequeno agricultor que trabalhava pela subsistência da família. Minha mãe era uma típica dona de casa. Meu pai queria que meu nome fosse Ceres porque tinha ouvido a história de uma deusa da mitologia grega muito ligada à colheita, que simbolizava o dom de criar, incrementar. Já minha mãe queria simplesmente me chamar de Maria. Acabaram chegando a um acordo e me batizaram como Maria Ceres. Para deleite do meu pai, acabei ficando conhecida como Ceres.

Desde pequena, eu "brincava" de empreendedora. Aos 9 anos, vendia legumes; aos 11, contava histórias da região aos turistas; aos 14, oferecia passeios em barcos em um rio próximo que formava uma linda cachoeira. Aos 18 anos, dirigia ou alugava jipes para passeios nos pontos mais atraentes da região. De tanto ouvir comentários de turistas sobre os serviços deficientes e suas dificuldades e contratempos nas viagens, acalentei a ideia de, um dia, montar uma agência de turismo e prestar um serviço completo, incluindo passeios, hotéis...

Mas engavetei meu sonho quando resolvi me casar com aquele amigo do meu irmão, bonitão, que frequentava a casa dos meus pais. Logo tive um filho. Precisava de renda fixa. Aos 21 anos, arrumei um emprego. A região onde morava estava crescendo, e recebi outra proposta. Troquei de emprego, depois outro e, por fim, me mudei para cá, nas redondezas da capital, quando aceitei trabalhar como assistente na diretoria administrativo-financeira dessa fábrica, agora ameaçada de fechar as portas.

Aumentando a angústia

Não é fácil ser demitida após cinco anos de árduo esforço e dedicação total ao trabalho.

Preciso jogar a meu favor e parar de procurar emprego em um mercado que não existe mais. Tenho a sensação de que o emprego "morreu", mas as obrigações estão mais vivas do que nunca.

Estou angustiada. Ah! Como é bom desabafar, conversar, trocar ideias com alguém. Sinto muitas vezes uma incômoda solidão.

Dá licença? Vou vestir uma roupa mais confortável, tirar da geladeira uma comidinha congelada e aquecê-la para o jantar. Será simples, mas gostoso.

Penso na possibilidade de aplicar a indenização que receberei para montar um pequeno negócio. Mas o quê, exatamente?

Salão de beleza, pousada, restaurante, coisas assim. Ou devo procurar uma franquia de sucesso? Quem sabe é hora de desengavetar o sonho daquela agência de turismo? Ou seria melhor um negócio mais moderno, mais virtual, com menor exigência de investimentos?

Outra possibilidade é abrir um negócio de prestação de serviços para residências e escritórios.

Nos últimos três anos, acabei absorvendo — além das minhas tarefas administrativas e financeiras — a área de "serviços gerais" no escritório da fábrica. Tive de coordenar limpeza, manutenção, jardinagem, vigilância, pequenos reparos, entre outros afazeres, um verdadeiro abacaxi que ninguém queria pegar.

Pouco tempo depois, equacionei esses serviços, que melhoraram a olhos vistos, e passei a ser muito elogiada por todos. Os homens do escritório brincavam dizendo que pediriam às suas respectivas esposas que me consultassem sobre como resolver determinados problemas de *housekeeping* em suas casas. Não era incomum as colegas aparecerem com o pedido: "No sábado, será que você poderia dar um pulinho lá em casa para me ajudar a..."

Vou enviar um e-mail para o meu filho, expor a situação e lhe pedir para pesquisar se no Canadá existe alguma forma mais moderna de se prestar esse tipo de serviço, via um aplicativo, por exemplo, ou se há algum negócio diferente que eu possa adaptar e implantar aqui no Brasil.

Lembro-me de um amigo de infância. Dois anos depois de entrar na faculdade, ele conseguiu um estágio em um hotel, mas sempre dizia que não queria ser empregado e sonhava em trabalhar por conta própria. "Não quero ter patrão, e sim ser dono do meu nariz", não se cansava de repetir. Faltando poucos meses para se formar, ele juntou suas economias e comprou um pequeno terreno em um balneário.

Assim que recebeu o diploma, em vez de procurar emprego, foi atrás de um investidor que entrasse como sócio para viabilizar a construção. Dezoito meses depois, passou a operar sua pousada. Não era muito grande, mas deu bastante certo e serviu de modelo para uma espécie de franquia que ele acabou inaugurando — uma rede integrada de reservas para um conjunto de pousadas em vários pontos do litoral brasileiro.

Esse jovem empreendedor percebeu a oportunidade de expandir seu negócio ao detectar o maior problema das pequenas pousadas que atuam de forma isolada: a baixa capacidade de atrair clientes de outras localidades devido à pequena estrutura comercial de cada uma. Resolveu, então, formar uma espécie de "roteiro romântico", e assim imprimiu uma identidade comum a diversas pousadas espalhadas pelo país.

Para viabilizar essa rede, criou um sistema padronizado de serviços e atendimento para essas pousadas, associando-as a uma marca guarda-chuva, e cada estabelecimento passou a fazer parte dela. Finalmente, começou a operar uma central de reservas que comercializava a oferta de todas as pousadas que integravam esse roteiro.

Estava conversando com esse amigo quando o celular indicou que havia outra chamada. Tive um estranho pressentimento. Hesitei em atender aquela ligação. Era o irmão do meu ex-marido, com tom de voz grave. Anunciou o que minha intuição temia: o infeliz teve um infarto fulminante na mesa de jogo, na casa de um fiel companheiro de bebida. Nem deu tempo de levá-lo ao hospital. O velório começaria na mesma noite, assim que o médico liberasse o corpo.

Não devia me importar com aquilo. Problema dele. Já estava separada havia anos. Ele quase nem tinha convivido com o filho.

Só liguei para dar a notícia ao meu menino na manhã seguinte, bem cedo, por causa do fuso horário.

Mas uma sensação que não conseguia identificar muito bem passava a me incomodar lá no fundo da alma. A explicação para isso só veio à tona 15 dias depois.

Como se não bastasse a angústia que já estava vivendo, recebi uma intimação do banco no qual tenho conta para quitar uma dívida que eu tinha avalizado, no ano anterior, para aquela pedra no meu sapato, o ex-marido. Na época, cometi a burrice de aceitar aquela operação para me livrar do assédio do sujeito, que tinha ido, inclusive, ao meu local de trabalho para me pressionar a ajudá-lo. Suspeitei que fosse dívida de jogo e que os credores o estavam ameaçando. Senti pena do infeliz e acabei assinando a promissória sem consultar ninguém.

Meu Deus! Tudo ao mesmo tempo! Muita falta de sorte! Consultei um advogado da empresa, com quem havia desenvolvido uma boa relação pessoal. Ele me mostrou duas opções: vender a casa para quitar essa dívida ou tomar um empréstimo e provavelmente hipotecar a casa como garantia. E ainda tem a situação do meu filho no Canadá, as mensalidades do intercâmbio...

Continuo fazendo e refazendo as contas. Tenho a impressão de ouvir o tic-tac de um relógio, como se fosse um taxímetro, aumentando a dívida a cada minuto.

O valor de que disponho na poupança dá para pagar quatro meses do intercâmbio. Se desistir, terei de indenizar dois meses de mensalidade, acrescido da multa de 20% sobre o valor total do saldo das mensalidades. Isso sem contar a nova passagem aérea que terei de comprar, pois a que foi emitida tem data definida de embarque e não é reembolsável. É quase que trocar seis por meia dúzia.

Se quiser deixar meu filho no Canadá e fazer algo decolar aqui, tenho, no máximo, 16 semanas pela frente. Ou seja, minhas opções são limitadas.

A saída: trabalhar por conta própria!

Prefiro arriscar: deixar meu filho no intercâmbio e confiar que encontrarei a luz no fim do túnel. Preciso virar a sorte a meu favor. **Vou trabalhar por conta própria, montar meu negócio.**

Uma voz interna vive me dizendo que devo investir naquilo que é minha vocação natural ou no que já conheço e tenho prazer em fazer. Aliás, essa convicção foi reforçada pelos comentários que ouvi há uns dois anos, em uma palestra na empresa na qual trabalhava.

Na época, fui "convidada" para ajudar a recepcionar os diretores, os gerentes e a rede de distribuidores e revendedores que participariam da convenção anual de vendas. Curiosa, fiz tudo o que me pediram e ainda consegui assistir a algumas palestras.

Um especialista em empreendedorismo enfatizou que a taxa de sucesso é muito maior em negócios que estão de certa forma relacionados com a vocação do dono. "Quem gosta do que faz e se identifica bem com o negócio tem muito mais chance de ser bem-sucedido", disse o palestrante. Isso parece ser bem mais importante do que simplesmente apostar em um modismo ou em uma boa tendência do mercado. Ele deu uns cinco exemplos que ilustraram muito bem seu ponto de vista. Fiquei convencida.

Mais adiante, dirigindo-se aos donos das revendedoras, o especialista afirmou que existem dois tipos de empreendedores: aqueles que montam o negócio por **necessidade** — quando alguém precisa trabalhar por conta própria para sobreviver — e aqueles que abrem suas empresas inspirados na **oportunidade** do negócio em si.

Consigo perceber com clareza que no meu caso não existe essa diferença. Sou motivada por ambas as situações: tenho grande necessidade e também percebo algumas oportunidades no mercado que têm muito a ver comigo.

Não tenho ainda muito claros os detalhes, mas duas possibilidades me parecem bem pertinentes:

- Resgatar minha vocação adormecida, o turismo customizado, e montar uma agência de turismo que preste serviço personalizado por meio de aplicativos em que a pessoa defina o que busca em algumas cidades e a partir disso seja assistida ou acompanhada para certas situações. Por exemplo, no segmento de **turismo de negócios**, viabilizar deslocamentos especiais e visitas a feiras e a determinadas empresas; no chamado **turismo médico**, acompanhar pessoas que precisam fazer exames ou cirurgias até os hospitais de ponta, clínicas, consultórios de especialistas; já no **turismo de consumo**, acompanhar noivas até as melhores lojas de vestidos, presentes de casamento, decoração de festa; e para os fãs do **turismo cultural**, apontar e viabilizar o acesso a exposições, museus, parques e outros pontos turísticos de algumas capitais;

ou

- Investir na experiência adquirida nos últimos anos e atender à enorme carência de serviços específicos para certos tipos de necessidades em residências e escritórios, tais como (1) serviços de limpeza (tanto as normais como também as limpezas pré e pós-mudança ou pós-obra); (2) jardinagem; (3) higienização de estofados; (4) serviços de pintura; e (5) pequenas reformas e consertos elétricos e hidráulicos.

Ando pesando os prós e os contras. Cheguei a fazer uma promessa a todos os santos possíveis para iluminarem minha decisão.

O Plano de Negócio com Alma®

Ando exausta, tenho dormido pouco. Mas tenho "escutado" minha intuição. Estou inclinada a seguir o caminho dos serviços para residências e escritórios.

Está pesando muito uma associação de dois fatores. Por um lado, o fato de eu gostar muito desse tipo de serviço. Por outro, a experiência já adquirida naquele tipo de operação, que não tinha nenhum segredo para mim. Conhecia os problemas, os procedimentos e os diversos fornecedores. Ah! Como eu ficava feliz quando meus colegas elogiavam o jardim, o estacionamento, a limpeza e a arrumação dos escritórios.

Voltando à palestra, aquele especialista em empreendedorismo propôs um roteiro com algumas questões fundamentais para fazer um **negócio decolar, crescer e virar exemplo de sucesso.**

Estou "traduzindo" o roteiro meio teórico que ele apresentou para a situação específica do negócio que pretendo colocar de pé:

- Qual o **posicionamento** do meu negócio no mercado? Como quero ser percebida por clientes, colaboradores, parceiros, investidores e comunidade?
- A que tipo de **cliente** pretendo servir? Quem é esse cliente? Do que realmente necessita? Como atendê-lo? Como obter um diferencial e fazer do meu cliente um divulgador da minha marca?
- Qual a **equipe** mínima que preciso estruturar? Sei que ninguém faz nada sozinho e preciso de gente para me ajudar e proporcionar certa cumplicidade para meu sonho decolar. Preciso de pessoas que acreditem

em mim e que estejam dispostas a enfrentar os obstáculos e a oferecer o melhor de si para o negócio dar certo.

- Quais os **resultados** que me proponho alcançar? Tanto os quantitativos, em termos de faturamento e lucro final no caixa para quitar minhas dívidas e honrar as obrigações, como também os resultados qualitativos em termos de imagem, satisfação de clientes e de pessoas. E um detalhe: sempre sonhei em fazer algo relevante para a comunidade ou para o meio ambiente. Será que meu negócio pode dar alguma contribuição nesse sentido?
- Quais as **competências** que a empresa precisa adquirir para conseguir atingir os resultados desejados? E como buscar **parceiros**? Como arranjar um bom investidor que acredite no sucesso do meu sonho? E prestadores de serviços, pessoas e empresas afins que possam contribuir para o sucesso do meu negócio?
- Quais os **processos e sistemas** mínimos que preciso para controlar esse empreendimento? Lembro bem que essa era uma eterna briga entre o diretor da fábrica na qual trabalhei e o responsável pelo controle dos custos

- Não posso esquecer de mim. Eu própria preciso ser o exemplo, tenho de ser competente em tudo e na gestão do meu tempo, na coerência entre o que digo e o que faço. Preciso ter equilíbrio entre a gestão do meu negócio e a gestão da minha vida pessoal, minha reduzida família, minha saúde... Esse será **o "eu" da questão!**
- Finalmente, preciso sumarizar tudo isso de uma forma que me permita conversar com as pessoas, com possíveis sócios, com o banco, com parceiros. Preciso de um plano de negócios. Só que não quero simplesmente preencher formulários e produzir papel. Os planos de negócios que vi lá na empresa parecem planos sem inspiração, sem significado. Preciso de um **Plano de Negócio com Alma**®!

Resolvi submeter esse roteiro a um "teste de realidade". Fui visitar aquele meu amigo que montou a rede de franquia de pequenas pousadas, lembra? Ele me ouviu atentamente. Depois, não apenas me encorajou na escolha feita como me confidenciou que viveu um dilema semelhante quando montou sua rede no negócio de hotelaria. Ele tinha outra opção, mas o fato de gostar de turismo e a experiência adquirida naquele estágio em um hotel foram determinantes para sua acertada decisão.

Esse amigo me incentivou a dedicar as próximas semanas para esmiuçar cada um desses componentes essenciais do roteiro para o sucesso do negócio. Era o empurrão de encorajamento de que eu necessitava!

Estou decidida a trabalhar duro, pois disponho de pouco tempo para estruturar o negócio e começar a funcionar. Preciso virar a sorte a meu favor. Existe, sim, uma saída para esse impasse em que me encontro.

Após conversar com ele, resolvi ir ao cinema para relaxar um pouco. Havia lido uma matéria no jornal sobre *Joy — a marca do sucesso*, filme concorrente ao Oscar, inspirado na história real de uma dona de casa norte-americana que estava enfrentando dificuldades e resolveu fabricar um aparelho para limpeza doméstica que ela havia improvisado para uso próprio. Após vencer vários obstáculos, ela fundou o que viria a ser um verdadeiro império nos Estados Unidos.

Naquela noite, fui dormir mais energizada do que nas anteriores, inspirada para também transformar meu negócio em uma história de sucesso. Pensava com meus botões:

"Já sei qual é o primeiro passo a ser dado: **posicionar** o meu negócio de forma adequada na mente e nos corações dos **clientes** a quem desejo servir."

SEMANA 1

Qual o posicionamento do meu negócio?

Qual o posicionamento do meu negócio?

Posicionamento não é o que você faz com sua marca. É como você posiciona seu produto, seu serviço e sua marca na mente e nos corações dos seus clientes!*

Passei a semana cheia de dúvidas. Não é tarefa fácil definir o posicionamento de um produto ou serviço.

Li livros, artigos, busquei informações na internet, mas muitas das teorias só me confundiam ainda mais. Tomei conhecimento de várias definições rebuscadas sobre Posicionamento, mas pouca coisa prática que realmente me ajudasse a encontrar o caminho.

Em uma livraria, um vendedor quis me "empurrar" livros com as clássicas defini-

---

*Pensamento inspirado em Al Ries e Jack Trout. (*N. do A.*)

ções sobre missão, visão e valores, mas achei tudo meio ultrapassado e abstrato. Esses conceitos que encontramos em toda empresa se banalizaram. Sempre aparecem nas paredes, portais e relatórios anuais, mas pouco revelam sobre a realidade dessas organizações. Fico com a impressão de que é mais um truque para a plateia do que algo que corresponda à prática e à realidade do negócio.

Como pretendia trocar o meu carro por um mais antigo e assim melhorar minha disponibilidade de caixa, fui a uma revendedora de veículos seminovos.

Aproveitei para perguntar ao gerente qual o posicionamento da fabricante de automóveis daquela rede de distribuidores.

"Ser percebida pelos clientes potenciais, como a senhora, como a maior e mais completa fabricante de automóveis do mundo!", informou o gerente, mostrando um folheto da empresa. Mas ele mesmo me disse que alguém da sua família tinha uma revendedora que operava com outra marca que enfatizava a segurança. E lembrou-se de mais uma fabricante, que se posicionava como um "parceiro confiável dos seus clientes durante toda a vida".

Fiquei intrigada! No mesmo ramo de atividades, o automotivo, as empresas se posicionavam de forma tão diversa. Uma valorizava a escala, ser a maior; a outra pretendia ser percebida como a mais segura; e a terceira queria ser conhecida como a escolha preferencial dos clientes.

Resolvi, então, procurar outros exemplos práticos de posicionamento para me inspirar.

Uma empresa de alimentos definiu-se como "uma empresa de bem-estar e saúde, não apenas de alimentos".

Isso me pareceu muito simples, claro e, por que não dizer?, simpático. Comecei a pensar nas consequências dessa definição para as fórmulas utilizadas na fabricação dos alimentos. Certamente será necessário utilizar menor teor de gorduras e de açúcares para ser coerente com a intenção de "saúde e bem-estar".

Em uma ida ao supermercado, conferi nas embalagens dos produtos daquela multinacional se os ingredientes utilizados eram coerentes com o propósito da empresa. Pensei, também, que essa empresa poderia diversificar sua linha de negócios investindo em academias de ginástica, hospitais, salões de beleza, enfim, não precisaria ficar restrita a produtos alimentares.

Já uma rede varejista que comercializa certa gama de produtos a preços populares posicionou-se como uma empresa que "dá às pessoas comuns a chance de comprar as mesmas coisas que as pessoas ricas compram".

Comecei a entender melhor a ideia central desse assunto: **posicionamento não é o que você faz com o produto, serviço ou marca. Posicionamento significa ter claro como você quer que seu produto, serviço ou marca seja percebido, racional e emocionalmente, pelos seus clientes!**

Ou seja, o posicionamento de um produto é como os consumidores o percebem e como esse produto é situado no universo de produtos ou serviços análogos.

A questão central a que o posicionamento precisa responder passa a ser: **Por que os clientes devem fazer negócio com a minha empresa e não com as outras?**

Recorri, mais uma vez, a meu amigo hoteleiro. Telefonei para ele perguntando qual o posicionamento da rede de pousadas que ele opera.

Ele me contou que, desde a primeira pousada que construiu, o posicionamento tem sido o mesmo: "Realizar os sonhos das nossas **visitas**, de forma única, emblemática e inesquecível."

E enfatizou a palavra v-i-s-i-t-a-s, soletrando-a. Disse que educou a equipe do hotel a tratar os clientes dessa forma: "Quando recebemos visita em nossa casa, procuramos oferecer o melhor, não é verdade?"

Ele atribui o sucesso que teve desde o início a essa forma de pensar e agir. Graças a ideias assim, seu negócio se expandiu. O que era uma única "pousadinha" virou, seis anos depois, uma rede de 24 pousadas.

O posicionamento é como a alma de uma empresa. "E uma empresa precisa ter alma, espírito, propósito, significado", insistiu ele.

Generoso e disposto a cooperar, ele mencionou o caso de uma empresa norte-americana de software e serviços que se propõe a "disponibilizar soluções tecnológicas fáceis de usar para todos". E lembrou-se de uma multinacional de hardware que visa a "colocar a vida das pessoas na palma de suas mãos".

O exemplo de posicionamento mais simples e lúdico que encontrei foi de uma pequena oficina mecânica: "Um salão de beleza para automóveis, onde cuidaremos não apenas do carro, mas também do cliente." Aliás, seu fundador detestava quando alguém se referia a seu negócio como uma "oficina", e gostava de afirmar, em alto e bom som, que o posicionamento de um negócio, para ser eficaz, precisa transcender o aspecto meramente funcional e incorporar um componente emocional, que "conversasse com o cliente".

Nesse sentido, uma das afirmações mais bem-elaboradas que encontrei foi a de um fabricante de freios: "Garantir a segurança para milhões de pessoas que usam transporte automotivo diariamente em nosso país."

Ganhei coragem para rascunhar o primeiro esboço do posicionamento da empresa de serviços residenciais que pretendo abrir:

Oferecer serviço personalizado para diversos tipos de pessoas que necessitam de assistência nas suas residências.

A essa altura, decidi focar o segmento residencial e deixar o nicho de escritórios para um segundo momento. Foco é importante, especialmente no início de um negócio, sempre acreditei nisso.

Mas eu não estava completamente satisfeita. Minha proposição não passava na lista de critérios que li em uma conceituada revista de negócios para avaliar a eficácia do posicionamento de uma empresa:

- Está contido em uma frase curta e objetiva?
- Comunica bem, de forma marcante, como o negócio quer ser percebido?

- Deixa os benefícios claros para o consumidor?
- Enumera os diferenciais do negócio diante dos concorrentes?
- Deixa transparecer um senso de propósito/significado do negócio?
- Tem algum atributo emocional ou se limita ao funcional?
- "Conversa" com os clientes? Os fornecedores, canais, comunidade e colaboradores entendem esse posicionamento?

Mesmo assim, resolvi testar essa formulação inicial com algumas pessoas de confiança.

Após considerar vários comentários, decidi refazer o esboço inicial e cheguei a uma nova proposta. A ideia é ser percebida pelo cliente potencial como a:

Solucionadora de encrencas na sua residência, a preço acessível, oferecendo um serviço personalizado e confiável.

Comecei a perceber mais um importante fator para a eficácia da percepção do posicionamento: ele não pode ser comunicado apenas com palavras. Precisa de algo visual que reforce de forma inequívoca o que

42 | JOGUE A SEU FAVOR

se pretende expressar. Ou seja, a marca e o logotipo que eu criar terão de refletir bem o posicionamento do meu negócio.

Algo como:

HOUSEKEEPER SOLUTIONS
serviço personalizado e confiável a preço acessível!

Mas aí pensei: "Em inglês? Não seria melhor em português?" E se fosse:

DEIXA COMIGO!
Soluções para sua residência com serviço
personalizado, confiável e a preço acessível.

O mais importante até o momento é que consegui identificar pelo menos quatro **atributos diferenciadores** para o meu negócio: (1) Solucionador; (2) Preço acessível; (3) Serviço personalizado; e (4) Confiabilidade.

Comecei a entender que, quando uma marca tem um significado forte e reflete uma causa nobre — algo como respeito, sustentabilidade, mundo melhor etc. —, isso ajuda a atrair e a fidelizar clientes e, assim, a marca se valoriza ainda mais.

Com isso, foi ficando mais fácil definir a minha "proposta de valor": ofereço soluções (e não produtos); personalização (e não algo genérico); confiabilidade (prazos, qualidade e segurança para poder entrar na casa das pessoas); preço acessível (relação custo/ benefício e percepção de não ser caro).

Mas a proposta de valor da empresa precisa ser coerente com a percepção de valor pelo cliente. A chave do sucesso será conciliar alta qualidade (solução, personalização e confiabilidade) com preço acessível. Ou seja, gerar uma percepção no cliente de que o benefício que ele obterá será superior ao preço que pagará. Ou seja:

$$Valor = Benefício > Preço$$

Resolvi guardar esses dois enunciados (HOUSEKEEPER SOLUTIONS ou DEIXA COMIGO!) para o posicionamento da minha empresa, assim como decidi "arquivar" a ideia de um reforço visual como uma hipótese de trabalho. Também continuo refletindo sobre a melhor forma de prestar esse tipo de serviço. Se algo mais convencional, ou uma opção mais moderna, tecnológica, via um aplicativo digital. A semana já estava chegando ao fim e eu precisava pensar muito mais profundamente no cliente a quem desejo servir.

Depois de ter maior clareza sobre os clientes-alvo do meu negócio, eu poderia revisitar e aprimorar essas duas tentativas de definição do **posicionamento**. Afinal, o **cliente** é a razão de ser de qualquer negócio. E o posicionamento só faz sentido se for percebido de forma adequada pelos clientes a quem pretendo servir...

SEMANA 2

Quem é o cliente a quem pretendo servir?

Quem é o cliente a quem pretendo servir?

"O que cair na rede é peixe" é um dos maiores equívocos que podemos cometer quando não definimos com clareza qual o cliente-alvo de um negócio.

Acordei com essa pergunta na cabeça e a tenho feito todos os dias.

Estava pensando nisso quando meu filho me chamou para conversar no Skype. Queria me contar um fato que acontecera com ele. Fora comprar refrigerante em uma máquina, que engoliu suas moedas e não entregou a bebida. Tentou de novo. Procurou o funcionário do posto de gasolina onde ficava aquela máquina. Sem olhar para ele, o sujeito foi dizendo que a máquina estava quebrada, o dono ficou de arrumar e... infelizmente não podia fazer nada. Meu filho reclamou, mas não conseguiu seu dinheiro de volta. Ficou muito bravo!

"Mais um cliente insatisfeito", pensei. Muitas empresas tratam mal seus clientes porque não fizeram bem a lição de casa. Não sabem quem é o cliente a quem pretendem servir. Precisamos ser obsessivos com essa questão.

Naquela palestra que acompanhei na empresa, o consultor se deteve nesse tema. Disse que um dos maiores desafios da gestão dos clientes consiste em entender com profundidade seus verdadeiros desejos e necessidades. Pelo que entendi, isso é um lugar-comum entre empreendedores e até mesmo entre executivos e profissionais da área comercial, marketing e a maioria dos presidentes de empresas, inclusive das multinacionais.

Depois, ele passou a analisar vários casos de sucesso e fracasso empresariais. Os empreendedores de sucesso primeiro procuraram *entender* o cliente, suas necessidades, expectativas e sonhos; só depois começaram a *oferecer* os produtos e serviços que tinham em mente.

Os casos de fracasso são quase sempre relatados por aqueles que primeiro conceberam o produto ou o serviço para então oferecê-lo. É um erro frequente que não quero cometer.

Mas como fazer para identificar e *entender* o que o cliente quer e valoriza?

Recorri mais uma vez a meu amigo que teve grande sucesso ao inovar na forma de criar sua pousada. De cara, ele percebeu que seu estabelecimento recebia quatro tipos de clientes. A dúvida era como segmentar sua oferta e ter alta satisfação em todos os nichos.

Para que os funcionários pudessem entender bem os quatro segmentos, o empreendedor os apelidou com nomes pitorescos:*

JOVENS POMBINHOS: namorados ou recém-casados interessados em esportes radicais, passeios atraentes e baladas noturnas. Passavam o dia na rua, só usavam o hotel para o café da manhã e para dormir. Muitos escolhiam o hotel para a lua de mel.

POMBOS EXPERIENTES: casais com mais de 50 anos, muitos estrangeiros, que passavam o dia à beira da piscina, lendo revistas e livros. Adoravam conversar com os funcionários. Saíam pouco do hotel. Às vezes, ficavam uma semana inteira circulando pelas dependências do estabelecimento. Constituíam a maior fonte de receita do hotel, pois consumiam bastante e poucas vezes discutiam preços.

---

*Exemplo extraído do livro *Clientividade: como oferecer o que o seu cliente quer* (Best Business, 2016, páginas 79-80), do mesmo autor. (*N. do E.*)

FAMÍLIA FELIZ: típico casal com dois filhos menores. Buscavam ocupação e múltiplas atividades para os filhos, de modo que pudessem voltar a desfrutar de um tempo a dois, namorar etc. Alguns eram clientes contumazes. Voltavam ao hotel a pedido — ou por "exigência" — dos filhos, que adoravam as atrações e as atenções ali recebidas.

EFICIÊNCIA S.A.: os clientes corporativos que eram a principal fonte de renda da pousada durante a baixa estação, quando seu salão acolhia pequenos eventos e seminários empresariais. Exigiam eficiência, bons equipamentos e refeições rápidas com autosserviço para economizar tempo. Preço baixo era fundamental, pois sempre faziam cotação com pelo menos dois outros concorrentes.

"É como se quatro hotéis funcionassem simultaneamente em apenas uma instalação, pois eram atendidos vários públicos com necessidades bastante distintas", enfatizou meu amigo.

Os funcionários foram treinados para perceber, desde o momento da reserva, qual era o tipo de cliente e se preparavam com antecedência para receber o hóspede de forma adequada e customizada. Até o tom de voz dos garçons, quando se dirigiam a cada mesa, era diferente dependendo do tipo de cliente que a ocupava.

Moral da história: a pergunta-chave é "QUEM É O CLIENTE?". O empreendedor que não decifrar esse enigma dificilmente terá sucesso no negócio.

O cliente do meu negócio

Decidi, inicialmente, focar o segmento das casas ou apartamentos residenciais e deixar os condomínios e escritórios para uma nova fase, uma natural expansão após consolidar a operação inicial.

Os alvos imediatos são clientes nas seguintes situações:

- Jovens casais com um ou dois filhos que estão mudando de residência e necessitam de serviços de limpeza e pintura do imóvel que estão entregando e/ou de arrumação e pintura e pequenos consertos no imóvel para o qual estão se mudando.
- Jovens casais "grávidos" que precisam fazer pequenos ajustes no imóvel para criar o quarto do bebê.
- Idosos que necessitam de serviços periódicos de manutenção (elétrica, hidráulica, instalações de telefonia, televisão a cabo etc.).

- Jovens iniciando a vida profissional, sobrecarregados, que quase não param em casa e necessitam de arrumação, instalação de armários, limpeza periódica e serviços gerais.
- Mulheres solteiras ou divorciadas que trabalham fora de casa e precisam de serviços de manutenção e limpeza.
- Casas residenciais: serviços de jardinagem, portões de garagem e instalações de segurança (muros, cercas, instalação elétrica, câmeras de vigilância etc.).

Ufa! Definir quem é o cliente de um negócio, por menor que seja, não é tarefa fácil. Exige muito foco e disciplina, pois a tentação de ampliar os alvos é sempre grande. Mas não posso entrar na armadilha de "o que cair na rede é peixe!".

Por isso, tão importante quanto escolher a quem servir é também deixar claro o tipo de cliente que não deve ser o nosso alvo ou o tipo de situação em que não nos interessa atuar. Por exemplo, não me parece atrativo prestar serviços para repúblicas de estudantes, pois nunca se sabe quem de fato é o cliente.

Assim, defini em quais clientes devo focar os meus serviços, pelo menos nessa etapa inicial. Também estabeleci os diferenciais do meu negócio, aqueles atributos dos quais não devo abrir mão.

Mas uma dúvida começou a rondar minha cabeça: será que outros já estão prestando esse tipo de serviço? Não quero correr o risco de "reinventar a roda", nem o de repetir erros já cometidos por outros.

Fiz uma busca por concorrentes e serviços semelhantes na internet. Encontrei cerca de três que pareciam equivalentes, pelo menos no nome e na descrição genérica dos serviços. No dia seguinte, tomei coragem e procurei as empresas dizendo que precisava dos serviços para minha própria casa.

Foi uma decepção: demoraram a atender. Uma empresa pediu o prazo de 48 horas para enviar alguém para fazer um orçamento. A outra oferecia serviços de doméstica, passadeira e babá, e eventualmente de pequenos consertos. A terceira mandou alguém no dia seguinte para fazer a limpeza da minha casa e iniciar a pintura do muro externo. Os funcionários chegaram sem uniforme, pareciam terceirizados sem nenhum critério e seguramente não haviam sido orientados para o serviço que descrevi no telefonema.

Fiquei chateada com o despreparo dos "concorrentes", mas percebi a oportunidade de oferecer algo profissional e diferenciado. "Meu negócio vai ser um sucesso!", não cansava de repetir para mim mesma.

Faltavam dois aspectos para eu esboçar como iniciar a operação: a divulgação do negócio e a definição do preço a cobrar pelos serviços.

Sobre a divulgação, pensei em aplicar o "raciocínio de círculos concêntricos", o mesmo que eu usara naqueles "empreendimentos" que desenvolvi enquanto ainda era menina e adolescente. Isso significa: (1) começar com um pequeno grupo de clientes em minha vizinhança; (2) conquistar clientes entre os colegas na empresa onde trabalhava; só depois (3) distribuir um *mailing*; e (4) utilizar as redes sociais e assim ir expandindo geograficamente.

Meu sonho mesmo era abrir uma franquia tão logo o negócio se provasse dentro de um padrão de qualidade que eu pudesse replicar. Tenho certeza de que um dia chegarei lá!

Não pensei em nenhum grande investimento nessa divulgação inicial. As duas principais ferramentas seriam um pequeno folheto de uma página que posso produzir em casa mesmo, no meu computador, e uma campanha de divulgação boca a boca.

Se eu conseguir cinco clientes na minha vizinhança logo na primeira semana, já me darei por satisfeita.

Sobre a precificação dos serviços, eu não tinha tanta certeza assim. Aliás, tinha mais dúvidas que respostas: Cobrar por diária? Por hora trabalhada? Por empreitada, com preço fechado? Por serviço executado?

A única convicção sobre esse assunto era de que o preço precisava ser acessível, e que, em decorrência disso, eu precisaria de um bom volume de clientes, pois só conseguiria gerar lucro por intermédio de uma escala grande de serviços.

Para relaxar um pouco — esses assuntos tão complexos como preço e promoção estavam me deixando esgotada! —, resolvi tomar uma xícara de chá enquanto procurava as minhas anotações daquelas palestras dadas pelos especialistas em empreendedorismo a que assisti no tempo em que trabalhava na fábrica.

Encontrei três princípios que me parecem universais para qualquer tipo de cliente e que são bem pertinentes ao meu negócio:

1. **Clientes querem solucionamento,** não apenas Atendimento ou Relacionamento.

   Os clientes querem muito mais que "apenas" qualidade, preço, atendimento cortês e relacionamento eficaz. Além de garantir um produto de qualidade com um bom preço e de prestar bom atendimento, os clientes desejam uma **solução integrada** para suas necessidades.

2. **Clientes valorizam os atributos intangíveis**, não apenas os aspectos tangíveis de um empreendimento, produto ou marca.

   Traduzindo: muito além dos tradicionais aspectos tangíveis — capital, tecnologia, equipamentos, instalações e infraestrutura, entre outros, que se constituem na base física de uma empresa —, os clientes valorizam vários fatores INTANGÍVEIS, como:

- **Confiança**
- **Transparência**
- **Flexibilidade**
- **Customização**

Uma frase dita por um daqueles especialistas foi marcante: **"O que fideliza é aquilo que o cliente não pega nem vê, mas sente!"**

3. **Atitude de servir ao cliente**

   O ato de servir deve ser encarado como um propósito de vida. É quando se faz mais do que o combinado, mais do que a descrição de um cargo ou função.

Comecei, então, a vislumbrar o enorme desafio que terei pela frente: como implantar com os futuros membros da minha equipe uma cultura de servir ao cliente. Como recrutar e selecionar pessoas e constituir uma equipe imbuída desse espírito?

O próximo passo estava se delineando: traçar o perfil das pessoas que eu preciso mobilizar para formar uma equipe de alta performance e fazer o negócio funcionar a contento...

SEMANA 3

Qual o perfil da equipe que preciso mobilizar?

Qual o perfil da equipe que preciso mobilizar?

Quando o empreendedor escolhe as pessoas certas, pode se dedicar a explorar oportunidades com foco no negócio. Mas quando se cerca de pessoas erradas, desperdiça o tempo resolvendo problemas.

"Nada do que foi será de novo do jeito que já foi um dia", dizia a música de Lulu Santos que tocava no rádio do carro. Não poderia ser mais adequada a esse momento que estou vivenciando. Desde que resolvi montar um negócio próprio, meu olhar mudou. Cada vez que vou à farmácia, à padaria, ao supermercado, à banca de jornal, fico prestando atenção em detalhes que nunca me interessaram antes. Por exemplo, como o trabalho é dividido dentro da equipe. Ando realmente preocupada com a tarefa de identificar as pessoas certas e formar o espírito de equipe que preciso mobilizar para tocar meu negócio.

Tudo começa com a escolha das pessoas que farão parte do time.

Como recrutar? Entre conhecidos? Parentes? Na vizinhança? Em redes sociais?

Pesquisei sobre o assunto e concluí que, qualquer que seja o método utilizado, o importante é ter claro o perfil das pessoas de que necessitamos.

Seria muito simples se o perfil fosse sinônimo apenas da capacitação técnica do profissional. Mas a experiência tem mostrado que tão importante quanto isso é o conjunto de atitudes das pessoas. Aí a tarefa se torna complexa, pois é muito mais difícil avaliar atitudes.

Uma psicóloga que trabalha com seleção de profissionais contou em seu blog que a maioria das pessoas se apresenta na entrevista como se tivesse características que não fazem parte do seu perfil. Às vezes, só quando já é tarde demais, os gestores descobrem que as pessoas selecionadas não se integram, são individualistas, cometem deslizes éticos, não se comunicam bem, acomodam-se facilmente, entre outras disfunções.

Porém, a responsabilidade é mais do recrutador, que deveria ter sido mais criterioso na análise do perfil de quem deve ser contratado.

No meu caso, parto do princípio de que competência técnica (ser um bom eletricista, pintor de paredes ou encanador) não é mais do que obrigação. O que mais me interessa são os valores, as crenças e os hábitos das pessoas e sua capacidade de relacionamento com outros membros da equipe, com os clientes e parceiros no trabalho.

Listei os cinco valores que gostaria de ver praticados no dia a dia na minha empresa:

CONFIANÇA
RESPEITO
INTEGRIDADE
QUALIDADE
SEGURANÇA

Confiança. A base de toda relação profissional. Nunca prometer o que não pode ser entregue. Preços justos. Prazos firmes.

Respeito. Considerar cada cliente na sua individualidade, sem prejulgamentos ou comparações. Respeitar a residência de cada um como seu templo sagrado. Respeitar os colegas de trabalho.

Integridade. Ser ético, transparente e justo nas avaliações e nas interações diárias. Honestidade total com os bens e as informações a que tiver acesso.

64 | JOGUE A SEU FAVOR

Qualidade. Jamais abrir mão do melhor para cada serviço, dentro do escopo e parâmetro acordado com o cliente. Fazer o serviço como gostaria que fosse feito na sua casa.

Segurança. Jamais colocar em risco a segurança física de qualquer pessoa, seja prestador de serviço ou beneficiário dele. Preservar-se. Nunca colocar em risco a segurança patrimonial da residência em que estiver trabalhando.

Revisei a Lista de Valores. Em algum momento eles me pareceram utópicos. Surgiu, então, o desejo de fazer um teste de compreensão deles. Afinal, eles precisam ser algo em que as pessoas acreditem e com que se comprometam.

Não me contentaria apenas em ter um enunciado de valores nobres para colocar na parede, no Relatório Anual ou no site da empresa, como já vi em alguns lugares. O ideal seria "traduzir" esses valores em atitudes específicas, comportamentos observáveis que fazem toda a diferença na interação entre as pessoas.

A grande pergunta a responder era: que **atitudes** esperar das pessoas que farão parte da minha equipe?

Listei, então, algumas dessas atitudes desejáveis, assim como também algumas indesejáveis.

Atitudes desejáveis que eu adoraria ver minha equipe praticando:

- Velocidade de resposta
- Iniciativa, proatividade
- Assertividade
- Flexibilidade responsável
- Solucionamento (foco na solução, e não no problema)
- Espírito integrador
- Inovação
- Paixão pelo negócio

Atitudes indesejáveis que não gostaria de perceber nos membros de minha equipe:

- Individualismo
- Negativismo
- Paternalismo
- Comodismo
- Rigidez intolerante
- Esperteza
- Complacência

Um fator me parece muito importante: a capacidade de o profissional ser **multifuncional**, ou seja, resolver problemas mesmo que fujam de sua especialidade, demonstrando interesse por situações inusitadas e inesperadas, em vez de "tirar o corpo fora", alegando não ser sua área. Portanto, ele deve funcionar como um "curinga" pela capacitação em múltiplas funções, e não apenas pela curiosidade. Multifuncionalidade não significa descambar para a improvisação irresponsável.

O grau de encaixe

Uma vez definidos os valores da empresa, as atitudes desejadas e aquelas a serem evitadas, ou seja, o modo pelo qual gostaria que as pessoas se comportassem no trabalho, seria oportuno pensar no "grau de encaixe" de cada pessoa que pretendo mobilizar.

Descobri essa expressão em um livro sobre práticas de gestão de pessoas, o qual folheei em uma grande livraria. Segundo o autor, esse encaixe deve levar em conta pelo menos cinco dimensões relevantes:

1. **Encaixe da pessoa com seu líder**. Refere-se ao grau de sintonia da pessoa com o superior

hierárquico; no caso, comigo. Tenho consciência de ser eficaz. Em geral, as pessoas me acham simpática e gostam de mim, mas não sou muito fácil como líder. Não sou centralizadora, mas gosto de controlar os detalhes. Quando tenho confiança na qualidade do trabalho de alguém, delego bastante e passo a cobrar os resultados combinados. Mas, enquanto a pessoa não ganha minha confiança... Preciso de pessoas que compreendam isso e funcionem bem com esse estilo de liderança. Talvez não seja o ideal, mas é o que me acostumei a praticar. Preciso me aperfeiçoar, e isso demanda tempo.

2. **Encaixe com a cultura da empresa**. As atitudes que listei me ajudarão muito a selecionar as pessoas. Pretendo ser mais exigente nas atitudes do que nas competências técnicas, porque as pessoas aprendem bem mais rapidamente estas do que aquelas. Mas aprender novas atitudes e superar certos hábitos enraizados... é muito mais difícil!

3. **Encaixe com o momento da empresa.** Estou começando o negócio, e essa fase, que os entendidos chamam de *startup*, é muito peculiar.

Exige um comportamento assertivo, desbravador, até mesmo certo grau de agressividade e muita iniciativa. Preciso de profissionais que coloquem a faca nos dentes, sintam paixão pelo negócio e sejam bons embaixadores da minha marca.

4. **Encaixe com o tipo de negócio.** Serviço é muito diferente de fábrica. Exige o espírito de servir. Uma pessoa muito boa em indústria nem sempre se dá bem com serviços. Gente que se dá bem no agronegócio, no campo, nem sempre se encaixa no chão de fábrica, e vice-versa.

5. **Encaixe com o tipo de clientes**. Uma coisa é atender o cliente quando este se dirige a uma loja, a um supermercado, a um escritório ou a um consultório. Outra, muito diferente, é atender o cliente na residência dele.

O autor do livro esclareceu que esse exercício de aferir o grau de encaixe de um profissional com as circunstâncias de uma empresa é útil tanto na hora de recrutar e selecionar quanto na hora de avaliar o desempenho e, se for o caso, até no momento de demitir uma pessoa.

Por exemplo, no meu negócio, a regra será tolerância zero se eu perceber falta de integridade ou de zelo pela segurança.

Outro fator decisivo na hora de recrutar pessoas e formar uma equipe de alta performance é aferir **o grau de complementaridade** que os membros da equipe apresentam.

Um dos maiores erros que os empreendedores cometem é o de recrutar pessoas feitas à sua imagem e semelhança, ou seja, pessoas que pensam e agem de forma muito parecida consigo mesmos.

O que julgo fundamental é o alinhamento nos valores. Disso não podemos abrir mão. Do respeito e da ética, para citar dois exemplos. Devemos exigir um grau de alinhamento total com essas características.

Mas considero saudável certo grau de diversidade na forma de fazer, na abordagem e no estilo de cada um. A diversidade não deve ser apenas sobre sexo, religião ou etnia, mas atingir o campo das ideias. Só com opiniões diferentes é que uma empresa pode inovar, criar soluções diferenciadas e peculiares.

A complementaridade de estilos também é importante. Por exemplo, eu sou bastante pragmática, focada em resultados e gosto de fazer as coisas acontecerem. Aprendi isso ao longo da vida, pois tive de me virar para chegar até aqui.

Mas, agora que vou iniciar um negócio e posso escolher minha equipe, acho salutar ter alguém que seja um contraponto ao meu estilo. Alguém que seja melhor que eu em planejamento, mais ponderado e mais analítico.

Se eu tivesse um estilo mais analítico, aí seria conveniente ter alguém mais arrojado e mais pragmático ao meu lado para me complementar.

Não entendo muito de futebol, mas sei que um time precisa de alguns jogadores que defendem, outros que atacam, goleadores, mas também excelentes armadores e zagueiros lá atrás. E jamais devemos nos esquecer de um bom goleiro, pois nem sempre adianta fazer muitos gols e levar outros tantos.

Li um artigo de um treinador de equipe de vôlei que ensinava a construir equipes de alta performance. Li algumas entrevistas de empresários de sucesso e fui conversar com um conhecido da igreja que frequento eventualmente e que é gerente de recursos humanos de uma grande multinacional.

Meu objetivo era identificar as principais características de uma equipe.

Resumo o meu aprendizado na lista a seguir. Uma equipe de alta performance deve ter:

- **Propósito coerente com a estratégia e os resultados da empresa**
- **Inovação constante**
- **Atmosfera informal, confortável**
- **Alto comprometimento/apaixonamento**
- **Tolerância a divergências, ambiguidade e erros**
- **Decisões implementadas, mesmo sem consenso**
- **Foco**
- **Desafios claros**
- **Reconhecimento dos acertos da equipe pelo líder**
- **Celebração de cada vitória conquistada**

Aí eu mesma preparei a lista sobre as características de uma equipe de baixa performance:

- **Clima frio e indiferente**
- **Discussões irrelevantes**
- **Falta de clareza e objetivo comum**
- **Comunicação confusa e apenas "de efeito"**
- **Conflitos "resolvidos" por meio da hierarquia**

- **Críticas destrutivas**
- **Tendência à autoproteção e à autopreservação**
- **Busca de culpados em vez de soluções**
- **Injustiças/protecionismo**
- **Negativismo, comodismo, individualismo e todos o "ismos" que são contraproducentes**

Puxa, a semana passou rápido.

Sobre esse tema de equipes e pessoas, ficou faltando um assunto-chave: pensar na minha sucessão. Mas ainda é prematuro pensar nisso. Sei que preciso começar a operar minha empresa primeiro.

A princípio, minha ideia seria preparar meu filho para ser meu sucessor. Mas só se ele demonstrar vontade, ambição, garra e competência para tal. E, óbvio, se não se decidir pela medicina.

Temos muito chão pela frente antes de aprofundar esse assunto, pois ambos somos bastante jovens. Temos seguramente uns 15 anos antes do momento de passar o bastão para ele, se meu filho provar que deve tocar o negócio. Do contrário, terei de escolher outra pessoa, algum sócio, investidor ou até mesmo contratar um profissional do mercado.

Enquanto isso, preciso começar a pensar em ter um substituto, ou seja, desde o início preparar alguém para tocar o negócio caso algo inesperado ou indesejado aconteça comigo.

No entanto, a ação crucial é montar minha equipe. Pensei em mobilizar imediatamente cinco pessoas: uma para cuidar da parte administrativa e pelo menos quatro colaboradores na linha de frente para a execução de serviços — um eletricista, um encanador, um pedreiro e um pintor. Cada um deles com traquejo multifuncional.

Se tudo der certo, logo em seguida precisarei de duas pessoas: uma para comandar a operação, a execução dos serviços, e a outra com o perfil mais comercial. Mas prefiro primeiro eu mesma focar em obter clientes, executar alguns serviços, garantir o nível de qualidade desejado para só então expandir na busca de novos clientes. Círculos concêntricos, lembra? Esse é um dos meus mantras.

Tenho feito grandes progressos. Tenho um **posicionamento** claro. Percebo quais **clientes** pretendo conquistar e servir. Sei que tipo de **pessoas** preciso recrutar, selecionar e mobilizar.

A maior dúvida que ainda ronda minha cabeça é sobre a possibilidade de desenvolver um aplicativo e ter os serviços executados por profissionais técnicos, cadastrados, mas que não sejam membros efetivos da empresa. Essa opção tem vantagens, mas traz também algumas desvantagens. Preciso refletir melhor entre a opção mais tradicional a qual estou acostumada ou a alternativa mais moderna do aplicativo.

Hora de começar a pensar nos **resultados desejados** com o meu negócio...

SEMANA 4

Quais os resultados desejados?

Quais os resultados desejados?

Não há santo que ajude quando não temos clareza sobre aonde queremos chegar.

"Mantenha a energia positiva, a fé, o foco, e os resultados virão." A frase estava emoldurada e disposta em local de destaque na sala de espera do meu ginecologista. Fui até lá para a consulta anual de rotina e, enquanto aguardava minha vez, fiquei refletindo sobre os resultados que pretendo alcançar com meu negócio. Acredito que os resultados são, ao mesmo tempo, causa e consequência de um negócio bem-gerenciado.

Explico: mesmo quando são bem-definidos desde o início, se a gestão for ineficiente, os resultados desejados não se transformam em realidade. Mas, quando os resultados não são bem-definidos no começo, o desperdício de energia é enorme e não se chega ao lugar desejado — as pessoas, com as melhores intenções, remam o barco em direções nem sempre convergentes. Era o que acontecia na empresa em que eu trabalhava. Ano após ano, não se definia com clareza aonde se pretendia chegar. Os diretores lutavam por resultados nas suas áreas, contudo os acionistas nunca estavam satisfeitos com o resultado final. Parece que não existia uma definição clara de objetivos comuns que servisse como uma espécie de "guarda-chuva" para os objetivos de cada área específica.

Aprendi com a amarga experiência, que acabou custando o meu emprego, que os resultados de uma empresa precisam ser bem-definidos desde o início, e os líderes precisam desenvolver um senso de propósito comum, com clareza, sobre como o desempenho de cada um deve contribuir para os resultados desejados pela empresa como um todo. Esse alinhamento é imprescindível para o sucesso de qualquer negócio.

Também me incomoda a crença de que o único resultado que interessa a uma empresa é o lucro. Não estou questionando a importância do lucro, sei que é a base do nosso sistema econômico e a mola propulsora da vida empresarial. O que questiono é que esse seja o único critério para avaliar o desempenho de um negócio. Muita gente só pensa na chamada "última linha", a que aponta o lucro líquido no final dos demonstrativos financeiros de lucros e perdas. Sem dúvida, essa última linha é muito importante, mas não deveria ser a única a servir de guia para a gestão de um negócio.

A imagem que me ocorre é a de um piloto na cabine de um avião. Já pensou se o único relógio na cabine fosse o que mensurasse o nível de combustível? O piloto precisa de vários outros indicadores para fazer seu plano de voo e saber se está indo no rumo certo: velocímetro, medidor de altitude, pressão atmosférica, velocidade do vento, radar, entre outros.

De forma análoga, o empreendedor também precisa de vários "medidores". E alguns deles terão um peso maior ou menor dependendo das circunstâncias e do momento no ciclo de vida de uma empresa.

Por exemplo, é provável que uma empresa na fase inicial valorize mais a construção de sua base de clientes e o faturamento do que o lucro líquido. Em uma segunda etapa, talvez seja melhor enfatizar o caixa. Só depois de estabilizada, ela deve focar na rentabilidade do negócio e o consequente lucro líquido.

Claro que esses indicadores financeiros não devem ser vistos isoladamente, mas deve-se sempre perguntar naquele momento específico da vida da empresa: "Qual o medidor mais importante para eu mensurar minha performance agora?" Faturamento, rentabilidade ou caixa? Muitas vezes, temos de fazer uma escolha e sacrificar rentabilidade em função do faturamento ou do caixa. Ou vice-versa.

No sábado, fui ao casamento de uma vizinha. Na festinha depois da cerimônia, fui apresentada a um senhor, experiente empreendedor no setor de construção civil. Perguntei-lhe o que se deve priorizar em tempos de crise. Ele me respondeu que recomenda preservar sempre o caixa, em tempos de vacas magras ou não, pois no frigir dos ovos é o que vai definir a saúde e a sobrevivência de um negócio. De fato, conheço muitas empresas com alto faturamento que foram à falência. Outras com alta rentabilidade quebraram. Difícil é ver empresa com caixa sadio fechando as portas. Aliás, segundo esse senhor, um bom indicador da rentabilidade é o "lucro líquido internalizado", ou seja, a parcela do lucro que já entrou no caixa da empresa.

Outro indicador muito importante é o grau de endividamento da empresa. Sempre é saudável manter o fluxo de caixa de modo a evitar empréstimos e financiamentos bancários, pois, por causa dos juros muito altos no mercado financeiro, vários negócios não conseguem ter lucro operacional suficiente para pagar os juros de dívidas e financiamentos contraídos.

Juntando tudo o que foi considerado até aqui, eu poderia compor um Painel de Resultados com os seguintes indicadores quantitativos, que são componentes de um bloco maior que podemos chamar de **GERAÇÃO DE RIQUEZA**.

São eles:

FATURAMENTO
RENTABILIDADE
CAIXA
LUCRO LÍQUIDO INTERNALIZADO
ENDIVIDAMENTO
EBITDA (lucro líquido sem considerar despesas financeiras, depreciação e impostos)

O próximo passo será definir metas específicas para cada indicador para este ano e, se possível, para os anos seguintes. Perguntas do tipo: "Qual o

82 | JOGUE A SEU FAVOR

patamar de faturamento que desejo atingir daqui a dois anos?" precisam ser respondidas para que eu tenha guias para as diversas decisões que terei de tomar.

Seria oportuno escolher, também, alguns indicadores **QUALITATIVOS** para esse Painel de resultados em construção.

Permita-me abrir um pequeno parêntese: quando penso em "painel de resultados", a imagem que me vem à cabeça é o de uma espécie de GPS que utilizo quando dirijo um automóvel. Pode fechar o parêntese.

O mais importante dos indicadores qualitativos, na minha opinião, é o **grau de satisfação dos clientes**. Se os clientes estão felizes com os serviços que prestamos, o faturamento aumenta, provavelmente a rentabilidade também (se não aumentarmos custos de forma desproporcional ao aumento da receita), e teremos caixa.

Podemos, então, expandir, contratar pessoas, investir na formação da equipe, e assim por diante. Um verdadeiro ciclo virtuoso se estabelece a partir dessa poderosa alavanca, a satisfação dos clientes.

Mas, se os clientes não estiverem satisfeitos, um ciclo destrutivo começa a se estabelecer na empresa.

O segundo indicador qualitativo relevante é o **grau de satisfação de funcionários e parceiros**.

Muita gente acredita que o grau de satisfação de pessoas deve vir antes da satisfação dos clientes. Outras pensam exatamente o contrário. Não acho muito útil a discussão do tipo "o que vem primeiro, o ovo ou a galinha". Digo isso porque acredito que não existe cliente satisfeito em empresas com colaboradores infelizes, assim como não existem pessoas felizes em empresas com clientes insatisfeitos. Ou seja, esses dois componentes vitais de qualquer negócio — clientes e colaboradores — alimentam-se mutuamente.

Outro indicador é a **imagem** que a empresa projeta na comunidade na qual opera.

E, finalmente, minhas reflexões apontaram a importância de prever um indicador que reflita o grau de **inovação**, pois a história do empreendedorismo mostra que "fazer mais do mesmo" tem vida curta. Torna-se necessário renovar e inovar, não apenas no produto ou no serviço, mas também na forma de se relacionar com clientes, nas promoções, na gestão da equipe, dos parceiros, na forma de se relacionar com a comunidade, e assim por diante.

Preparei o quadro a seguir para servir como o meu Painel de resultados, uma espécie de GPS na condução da empresa:

Figura 1: Painel de resultados desejados

	Quantitativos	Qualitativos
Acionistas		
Clientes		
Colaboradores		
Comunidade local		
Sociedade		
Parceiros		
Fornecedores		

Mais uma vez, fui consultar as anotações daquele evento com palestras dos especialistas em empreendedorismo. Lembro-me de terem citado algumas "regras de ouro" para a gestão de resultados.

Uma delas reside no **equilíbrio entre resultados quantitativos e resultados qualitativos**, entre indicadores mensuráveis, tangíveis e outros não tão mensuráveis por serem intangíveis, mas igualmente importantes. Sobre essa regra, acho que estou tirando de letra.

Outra regra de ouro é cultivar o **equilíbrio entre resultados de curto prazo e de médio/longo prazos**. Como temos uma cultura imediatista, ou seja, valorizamos mais o emergencial na maioria das situações, torna-se importante perceber que o mundo empresarial exige um olho no presente (sobrevivência) e outro no futuro (crescimento e longevidade) do negócio.

Às vezes, tomamos decisões visando aos resultados a curto prazo que podem inviabilizar o futuro da empresa. Outras, fazemos devaneios sobre o futuro, sonhando com certas situações, mas nos descuidamos de medidas para assegurar a sobrevivência imediata. O equilíbrio entre o curto prazo e o longo prazo é essencial: não existe futuro sem presente.

Moral da história: temos de aprender a garantir no presente a excelência do futuro!

Uma terceira regra é o **equilíbrio entre fazer a coisa certa e fazer certo as coisas**. Harmonizar a eficácia e a eficiência; a estratégia e a execução. Não adianta tomar uma decisão acertada, mas implementá-la de forma pouco eficiente. Como também não adianta fazer bem-feito aquilo que não deveria ser feito. Trocando em miúdos, não adianta andar de forma correta na direção errada, nem executar coisas erradas da maneira correta.

Finalmente, uma regra de ouro que é quase sempre desrespeitada: **a separação nítida entre as coisas pessoais e as coisas da empresa**. Entre a gestão do patrimônio e a gestão do negócio. Muitos chegam ao cúmulo de confundir pagamentos pessoais ou da família com o caixa da firma.

Para aumentar as chances de sucesso, superando os resultados quantitativos e qualitativos aqui expressos, o passo seguinte consiste em mapear as competências e identificar o tipo de parceiros de que meu negócio necessitará para decolar.

SEMANA 5

Quais as competências que necessito adquirir?
Como buscar parceiros e investidores?

Quais as competências que necessito adquirir? Como buscar parceiros e investidores?

A imagem do empreendedor como o "lobo solitário" que tinha uma ideia genial e fazia tudo sozinho era apropriada para uma realidade que já não existe mais.

Um ex-colega da fábrica na qual trabalhei me mandou um vídeo no celular. Era de uma premiada propaganda na qual a mais famosa modelo brasileira, Gisele Bündchen, esmurra um saco de pancadas enquanto comentários extraídos das redes sociais são projetados nas paredes ao fundo. Entre elogios, aparecem críticas como "Gisele é tãoooo fake", "Ela definitivamente não é especial". No final, a tela é tomada pelo slogan da marca esportiva *"I will be what I want"* (eu serei o que eu quiser).

Agradeci a gentileza. Sabendo da fase difícil que estou atravessando, esse colega procurou me encorajar. A imagem me fez pensar nos desafios que enfrentamos todos os dias e na força que precisamos ter para seguir lutando.

Daí comecei a refletir sobre a competitividade que domina o mercado hoje e como ela difere da que existia antes. Houve um tempo em que essa guerra era praticada apenas entre empresas ou marcas. Por exemplo, Coca-Cola *versus* Pepsi, Ford *versus* GM, Natura *versus* Avon, para citar apenas algumas batalhas mais conhecidas.

Atualmente, cada empresa ou marca está competindo a partir de uma sólida **rede de parceiros** atrelados à marca ou à empresa. São diversos atores que complementam as competências da empresa — fornecedores, prestadores de serviços, especialistas, instituições comunitárias, sócios, investidores, formadores de opinião, distribuidores, agentes, entre outras partes interessadas.

Essa rede de parceiros funciona como uma plataforma de competitividade que transcende a empresa central do negócio, complementando-a e fortalecendo-a.

Se uma empresa não se prepara para essa "guerra", corre o risco de entrar sozinha e se deparar com um "exército" muito mais capacitado, complementar e diversificado, capaz de "atacar" em várias frentes simultaneamente. A competição deixou de ser entre produtos ou marcas e se dá cada vez mais entre modelos de negócios. É a rede de parceiros, fornecedores, investidores e aliados a parte importante de um modelo de negócio vencedor.

Com a convicção de estabelecer uma rede bem-integrada, comecei a preparar um Mapa de competências que minha empresa precisa adquirir, não apenas para atingir, mas até para superar os resultados que alinhavei até o momento.

Mapa de competências a adquirir

Consegui identificar cinco competências negociais que serão a chave para o sucesso. Gostaria de chamá-las de "Pulos do gato", uma tradução pragmática e pouco ortodoxa do elaborado conceito de das "competências críticas".

Aplicando o conceito à minha realidade, cheguei à conclusão de que os principais "Pulos do gato" de que minha empresa necessitará são:

Excelência operacional na execução dos serviços
Penetração comercial
Eficiência nos serviços de apoio
Financiamento da expansão
Gestão da franquia

Figura 2: Competências a adquirir/"Pulos do gato"

Voltei a conversar com meu amigo empreendedor, o dono da pousada, que expandiu seu negócio graças àquele sistema de reservas para o "Roteiro romântico" que aglutinou.

Ele me contou como conseguiu fortalecer suas competências por meio de parcerias com fornecedores, prestadores de serviços e várias outras instituições. Dissertou longamente sobre como devemos sempre manter o foco no que é essencial ao negócio e buscar maximizar o uso de recursos estabelecendo laços com empresas parceiras que podem contribuir, o que evita o gasto de energia.

Fiquei impressionada com seus argumentos. Decidi então passar a noite na pousada dele para aprofundar mais um pouco a conversa. Ainda estava cheia de dúvidas levantadas por aquela forma diferente de pensar.

Ele me ajudou a esboçar um **Mapa de parcerias**, coerente com o **Mapa de competências** que eu havia preparado.

Construímos o Mapa de parcerias em cinco blocos:

- **Parceiros para a excelência operacional na execução dos serviços na linha de frente.** Nesse grupo, foram listadas várias pequenas empreiteiras ou profissionais muito especializados, como *experts* para certos tipos de limpeza de fossas, pinturas cromadas e determinadas instalações mais complexas, que podem ser subcontratados para executar partes específicas de um serviço maior.

Algumas escolas técnicas e cursos profissio-
nalizantes também foram relacionados como
potenciais parceiros para disponibilizar
profissionais quando houver necessidade de
contratá-los.

- **Parceiros para a penetração comercial**.
Ficou bem clara a necessidade de desenvolver um relacionamento especial com
algumas lojas de material de construção
que podem me recomendar para execução
de trabalhos. E, de forma recíproca, posso
executar serviços com material adquirido
nessas lojas. Outro grupo interessante e
nem sempre valorizado são os zeladores
de prédios residenciais que geralmente
são consultados por moradores quando
necessitam de algum serviço. Essa pouca
valorização também ocorre com outros
formadores de opinião, como o padeiro,
os frentistas do posto de gasolina e outros
pontos-chave na comunidade. Com os
jornais de bairro, pretendo também desenvolver parceria de forma a me beneficiar
de mídia espontânea e não ter de gastar
verba com publicidade.

- **Eficiência nos serviços de apoio.** Serviços jurídicos, contabilidade, cobrança, controle de pessoal, todos já afinados com a linha de frente.
- **Financiamento da expansão.** Busca de potenciais investidores assim que iniciar a operação e começar a produzir resultados palpáveis. Aqui se abriu um leque de possibilidades: "investidores-anjos", agências de desenvolvimento, fundos de investimento. Um consenso: não deveria jamais buscar financiar a expansão por meio de empréstimos bancários por causa dos juros altos. A busca de um investidor — um fundo ou uma pessoa que aporta capital em troca de uma fatia do negócio ou um parceiro estratégico que participa da gestão — sempre é uma decisão delicada, com implicações, portanto não deve se basear em atitudes precipitadas.
- **Gestão da franquia.** Meu amigo me estimulou a desenvolver desde já parceria com uma especialista nessa área que já tenha ajudado pequenos negócios a deslancharem na forma de uma franquia. Ele me con-

venceu de que, se pretendo expandir por meio de franquia no futuro, é fundamental começar a fazer as coisas de forma coerente com o sistema de franquias para evitar o retrabalho depois. A ideia é que essa minha operação inicial funcione como uma espécie de "cartão de visitas" para convencer potenciais franqueados, no futuro, a investir no negócio.

Em determinado momento, nem me recordo se estava acordada ou já dormindo, passou um pensamento pela minha cabeça — aquele amigo poderia ser um ótimo parceiro para meu negócio; ele me inspirava enorme confiança e sempre era assertivo, simpático, contributivo. De repente, vieram lembranças do passado, de uma festa em que dançamos bastante e ficamos juntos por mais de uma hora trocando ideias, contando piadas; divertimo-nos muito naquela noite.

Mas, por algum motivo, resolvi afastar esses pensamentos e me concentrar na reflexão sobre a futura parceria com franqueados que eu precisaria desenvolver para expandir o negócio.

Ele mesmo me alertou que investidores buscam empreendimento com potencial de crescimento que tenham "escalabilidade", foi o termo empregado. Refere-se a negócios em condições de crescer em larga escala e alavancar resultados por causa do volume elevado de transações.

Sempre sonhei com uma franquia — não é novidade para ninguém —, e as colocações dele soaram como música a meus ouvidos. Assim, anotei logo o nome de uma especialista em desenvolvimento de franquias que ele me recomendou.

Já imaginava que uma importante parceria a ser desenvolvida no futuro seria com franqueados. Mas como escolher esse tipo de empreendedor?

Dois dias depois, fui conversar com a especialista em franquias que meu amigo indicara. Muito bonita, elegantemente vestida e bem falante, não escondeu a admiração que nutria por ele.

Relatou-me com riqueza de detalhes vários casos de fracasso e de sucesso na montagem de uma rede de franquias. Segundo ela, um dos fatores decisivos, para um lado ou para o outro, reside na capacidade de o franqueador identificar o perfil de cada franqueado. Contou-me que muita gente deseja entrar em uma franquia sem clara noção do que isso significa.

"A chave do sucesso é saber fazer o encaixe perfeito do sonho e a personalidade do franqueado com a natureza do negócio", afirmou a especialista.

Se houver um bom casamento entre a pessoa e a natureza do negócio e se a vocação de um coincidir com as características do outro, é então fundamental educar o franqueado para que, no seu ponto de venda, saiba transmitir o espírito do negócio. Torna-se necessário desenvolver uma relação ganha-ganha, pois, no fundo, o sucesso de um decorre do sucesso do outro.

Essa semana foi ótima. Ela me fez despertar para o que sempre acreditei, mas nunca tinha percebido de forma tão nítida: **a necessidade de desenvolver parcerias para complementar as competências que precisamos adquirir.**

O problema é que não aprendemos nem valorizamos o compartilhamento das decisões em nossa cultura. E também somos muito informais. São dois empecilhos para a prática da boa gestão. A parceria exige disciplina. Acabamos caindo em um dos extremos: ou engessamos a empresa em uma forte burocracia, ou descambamos para a informalidade no trato das coisas empresariais.

Nenhum dos dois é um bom modelo.

Precisamos, então, identificar a dose certa de processos e sistemas necessários para controlar o negócio e disciplinar as informações e a gestão. Só assim uma empresa será atrativa para parceiros, sócios, investidores. Mãos à obra...

SEMANA 6

Quais os sistemas e processos necessários
para controlar o negócio?

Quais os sistemas e processos necessários para controlar o negócio?

O cemitério corporativo está cheio de empresas que passaram suas curtas vidas improvisando. Não cuidaram dos processos e sistemas indispensáveis para continuarem respirando.

Sempre fui muito disciplinada ao longo da minha trajetória profissional. Para ter sucesso no meu cargo de assistente de gerentes e diretores em uma fábrica, aprendi a desenvolver hábitos e a cultivar atitudes que requerem muita disciplina.

Aprendi também a respeitar certos processos básicos para que o escritório funcionasse.

Quando uma pessoa faltava ao trabalho, quem a substituía recebia uma instrução com a rotina do que necessitava ser feito. Vi em outros departamentos o caos instalado quando certos procedimentos estavam apenas na cabeça do faltante. Na minha área, os processos estavam muito bem-definidos e descritos. Acabei me acostumando com essa disciplina. Como consequência, não sofro do problema que aflige a maioria dos empreendedores que adoram ter ideias, improvisam e não querem se preocupar com os processos e sistemas indispensáveis para controlar o negócio. Consideram isso perda de tempo. Não é! A perda de tempo ocorre exatamente pelo motivo inverso: quando deixam de cuidar dos processos básicos e perdem o domínio do que ocorre na empresa, colocando o negócio muitas vezes em risco.

Os processos e sistemas têm de ser obrigatoriamente coerentes com o Posicionamento, a Estrutura e os Resultados que se deseja obter. Rabisquei isso em um guardanapo de papel ao escutar uma conversa entre o meu diretor e o professor de uma escola de administração durante um almoço lá na fábrica.

Figura 3: Interface, processos e sistemas com o posicionamento, a estrutura e os resultados desejados

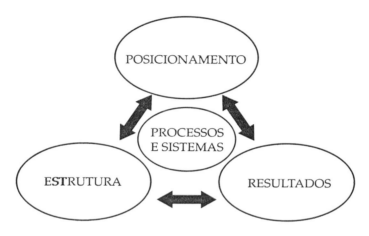

Se o empreendedor não tem aptidão para gerenciar o negócio e quer limitar o uso do seu talento a apenas gerar ideias e criar oportunidades, o mais salutar é buscar alguém que o complemente, que possa exercer o papel de gestor interno. Como se fosse uma dupla, um cuidando mais das oportunidades e o outro mais focado na gestão do negócio.

No meu caso, a situação é inversa: conheço bem os processos e sistemas de gestão; o que preciso desenvolver mais é minha aptidão como empreendedora, o que estou tentando fazer com determinação, mas sem me precipitar.

Como cada caso é um caso, no meu negócio penso que temos um macro-processo principal e alguns processos de apoio:

<u>Processo principal</u> — Execução dos serviços na linha de frente

- **Levantamento das necessidades**: visita ao local para avaliar o tipo e as condições dos serviços a serem realizados. Esse é o processo necessário para definir/estimar a quantidade e a qualificação das pessoas que atuarão nos serviços, além dos produtos e equipamentos a serem utilizados e definição do cronograma para a realização dos serviços.
- **Planejamento**: definir como os serviços serão executados, considerando a adaptação às necessidades de cada cliente e de cada local/situação.
- **Preparação do local e execução dos serviços.**
- **Acompanhamento e avaliação**: garantir que os reparos contratados sejam **realizados** de acordo com as especificações técnicas e com o que foi contratado.

Preciso amadurecer muito sobre esse processo de execução de serviços na linha de frente, pois isso será decorrente da opção que devo fazer entre o modelo mais convencional ou o modelo mais moderno de utilizar um aplicativo.

Processos de apôio

- **Administrativo:** envolve as atividades relacionadas com a compra de materiais, gestão de pequenos estoques e gestão de pessoas — contratação, remuneração, treinamento e avaliação.
- **Financeiro:** abrange as atividades de contas a pagar, contas a receber, fluxo de caixa, assim como de orçamento, que devem ser realizadas em conjunto com o responsável pela visita técnica.
- **Marketing e relacionamento:** envolve as atividades de divulgação, gestão do site, gestão de pedidos, pós-entrega dos serviços, incluindo a avaliação da satisfação dos clientes.

Ter os processos e sistemas bem-identificados e definidos é necessário, mas não suficiente. Igualmente importante é dispor de um rito mínimo para a gestão

108 | JOGUE A SEU FAVOR

eficaz do negócio, uma disciplina de decisões — que os especialistas chamam de governança.

Mesmo em uma empresa incipiente como a minha, vale a pena implantar algumas medidas direcionadas para uma governança básica e saudável:

1. Um **Comitê de gestão** que se reúna com certa frequência para avaliar como está indo o negócio, dar sugestões, corrigir rumos etc. É sempre bom ter pessoas da empresa e pelo menos algumas pessoas externas de confiança, porém independentes, para opinar. Pensei logo naquele amigo dono da pousada, em um advogado da empresa na qual trabalhei e no meu filho, para ele ir tomando gosto pelo negócio.

2. **Reunião mensal** com todos os gerentes para analisar previsto *versus* realizado do mês que passou e discutir as prioridades do mês seguinte.

3. **Conjunto de relatórios**: diário, semanal e mensal com as informações básicas, mas sem burocratizar o negócio.

4. **Auditoria externa** a ser contratada para analisar os procedimentos, a veracidade dos números e os relatórios e atestar que as informações processadas são fidedignas.

Aprendi que um dos desafios da gestão de um pequeno negócio é controlar e mitigar riscos de forma preventiva, mas sem engessar a empresa, sem tirar a iniciativa, sem inibir o empreendedorismo, sem castrar a criatividade e a inovação.

Estou chegando à reta final. É hora de juntar tudo isso sobre o que refleti e decidi até o momento e começar a estruturar um plano de negócios...

SEMANA 7

O Plano de Negócio com Alma®

O Plano de Negócio com Alma®

Plano de negócio é uma espécie de mapa de navegação, um "Waze do Empreendedor".

"Os planos de negócios que conheço parecem desprovidos de vida, de espírito. São um amontoado de números, dados e gráficos. Gostaria que fossem diferentes, e refletissem os sonhos, a alma do empreendedor. Gostaria de um dia ter o prazer de ser apresentado a um Plano de Negócio com Alma®!"

Essas palavras ficaram ecoando dentro de mim. Elas foram ditas por um bemsucedido empresário da área educacional durante um evento promovido por uma revista de prestígio que reuniu cerca de 500 fundadores de pequenas e médias empresas. Resolvi me inscrever naquele

114 | JOGUE A SEU FAVOR

evento na tentativa de "pescar" ideias sobre como atrair e lidar com potenciais investidores. Logo, o que mais me interessou foi um painel de investidores dispostos a orientar empreendedores com negócios em fase inicial.

Esse empresário encerrou sua participação no evento com essa provocação, que me impressionou tanto a ponto de me inspirar a elaborar meu "Plano de Negócio com Alma®".

Segundo esse líder, o principal objetivo de um plano de negócios deve ser o de se constituir em um instrumento de diálogo entre o empreendedor e todo aquele público relevante para o negócio: seus eventuais sócios, potenciais investidores, membros da sua equipe, distribuidores, principais clientes, parceiros, fornecedores, líderes comunitários e demais partes interessadas.

Por esse motivo, os aspectos qualitativos são tão importantes quanto os quantitativos, que interessam mais aos financistas.

"As planilhas, fluxos de caixa e pesquisas de mercado, que muitos apresentam como o *Business Plan*, para mim não deveriam passar de anexos ao Plano de Negócio com Alma®", enfatizou o empresário, frase que gerou muitos aplausos da plateia.

Ele chegou a recomendar que o Plano não ultrapassasse cinco páginas, contendo o suficiente para o diálogo com as partes interessadas. Caso um investidor venha a necessitar de maiores detalhes, aí sim algumas planilhas adicionais poderiam ser elaboradas e apresentadas.

Com base nisso, preparei uma lista de questões que preciso focar e, com base nas respostas que eu mesma buscarei, aprofundar o meu Plano de Negócio com Alma®:

Sobre o negócio:

- Qual é o cenário percebido?
- Qual é a oportunidade visualizada nesse cenário?
- Como essa oportunidade se encaixa no meu plano de vida?
- Qual é exatamente o negócio? O que o negócio não é?
- Qual o posicionamento desejado no mercado?

Sobre os clientes:

- Quais são os clientes a que pretendo servir? Quais os nichos?
- Quais são as "dores" desses clientes?
- Que benefícios podemos oferecer para atenuar essas "dores" ou para solucionar os anseios?

Sobre as pessoas:

- Quais são os valores da empresa? E o Mapa de atitudes desejadas e não desejadas?
- Qual é a equipe/estrutura necessária para viabilizar o negócio?
- Estrutura própria ou estrutura com profissionais autônomos, se a opção for um aplicativo?
- Existe complementaridade entre os membros da equipe?
- Quem serão os substitutos imediatos dos três principais cargos-chave?
- E os sucessores a médio e longo prazos?

Sobre os resultados:

- Quais são os resultados quantitativos, geradores de riqueza?
- Quais são os qualitativos em termos de imagem, satisfação, sustentabilidade?
- Quais são os resultados e indicadores referentes aos clientes, colaboradores, parceiros, prestadores de serviços, comunidades?

Sobre competências e parceiros:

- Quais são as competências a adquirir? As transitórias e as duráveis?
- Quais os parceiros necessários para suprir algumas dessas competências a adquirir?
- De que tipos de apoio necessitarei?

Sobre investimento necessário:

- Recursos financeiros *versus* fontes
- Tempo

Cronograma de implantação do negócio:

- Fase I: Decolagem
- Fase II: Crescimento
- Fase III: Consolidação
- Próximos passos: Calendário

Sobre fatores críticos:

- Quais são as principais alavancas do negócio?
- Onde posso perder o jogo?
- Reinvenção do negócio: jamais devemos nos acomodar e precisamos pensar sempre no próximo passo de modo que o nosso modelo de negócio atual não se torne obsoleto e seja ultrapassado. Por exemplo, será que o desenvolvimento de um aplicativo digital seria o próximo passo para atender nossos clientes de uma forma mais moderna, mais ágil e mais eficaz?

Anexos necessários ao Plano de Negócio:

- Demonstrativo de resultados financeiros (fim do corrente ano/3 anos/5 anos)
- Fluxo de caixa (idem)
- Pesquisa de mercado
- Estrutura societária e organizacional

Resolvi desenhar um esquema gráfico que refletisse melhor os principais elementos do Plano de Negócios para que eu pudesse fixar bem a tarefa que tenho pela frente:

Figura 4: Elementos do Plano de Negócio com Alma®

Tomei a decisão de iniciar o negócio no modelo que utilize profissionais próprios. No futuro, quem sabe, talvez possa evoluir para um modelo com profissionais autônomos, possibilitando que meus clientes façam tudo de um aplicativo.

O passo seguinte é aferir o grau de congruência *entre* o Plano de Negócio que vou construir *e* o meu projeto de vida. Em outras palavras, preciso enfrentar o "EU" da questão...

SEMANA 8

O "eu" da questão

O "eu" da questão

O plano de negócio e o projeto de vida do empreendedor são como almas gêmeas. Precisam andar de mãos dadas, e não de costas um para o outro.

"Agora estou aqui comigo mesma", costumava dizer minha avó paterna, do alto de sua simplicidade.

Chegou o momento da verdade. A hora de enfrentar a mim mesma e de tomar as decisões mais íntimas que afetam o meu desejo de trabalhar por conta própria.

Para não me deixar perturbar nem distrair por demandas externas, aceitei o convite de uma amiga que tem uma pequena chácara, herdada da mãe. Fica no meio do mato, a cerca de duas horas de carro, sendo metade do percurso em estrada de barro. Decidi passar um feriado prolongado nesse pequeno refúgio. No caminho, enquanto ela dirigia ouvindo as músicas que tocavam no rádio, eu pensava na vida. Sinto saudades do meu filho. Também percebo a falta que me faz as conversas com aquele amigo da pousada. Não apenas para tratar de negócios, mas sou forçada a admitir que me sinto muito bem quando ele está por perto.

No entanto, preciso focar. Sem celular nem computador, conseguirei refletir sobre decisões fundamentais que preciso tomar antes de decolar com o negócio.

Vamos lá, coragem!

A chácara é um lugar tranquilo, que nos recebeu com cheiro de terra molhada, pois tinha chovido pela manhã. Quando chegamos, minha amiga foi cuidar da horta, e eu aproveitei para começar a "trabalhar".

Detectei pelo menos cinco aspectos nos quais preciso aprofundar meu entendimento e assim poder tomar decisões mais informadas e menos intuitivas. São eles:

- **Gestão do tempo**
- **Coerência entre o que digo e o que faço**
- **Inteligência emocional**
- **Equilíbrio entre as diversas dimensões da minha vida**
- **Autodesenvolvimento contínuo**

Gestão do tempo. Por receio de desagradar as pessoas ou até mesmo de ser demitida, adquiri o hábito de absorver tarefas e responsabilidades que não me diziam respeito. Tornei-me um verdadeiro ímã de problemas alheios porque nunca me recusei a fazer algo que me pedissem. "Deixa comigo" virou quase meu bordão. Ou então afirmava: "Vou levar para casa e amanhã trago resolvido."

Teve um lado positivo, não nego. Mas agora, com o novo papel a desempenhar, precisarei focar as prioridades e aprender a delegar mais. Em vez de executar tudo, precisarei aprender a extrair resultados dos outros.

Em determinado momento, há uns dois anos, cheguei a pensar em participar de um curso sobre gestão do tempo. Quase me inscrevi. Sabe o que me fez desistir? Uma frase que meu filho me disse, com um sorriso irônico no canto da boca: "Mamãe, cuidado para não perder mais tempo ainda."

Ele tinha razão, apesar de adolescente. Pouco adianta ler livros, comprar aplicativos ou fazer cursos sobre isso. Preciso ir à origem desse comportamento. Desenvolver uma atitude firme, focada em prioridades. Na realidade, preciso é de um curso que me ensine a dizer: "NÃO!"

Vou me policiar e desenvolver um mecanismo para me ajudar a utilizar melhor meu tempo naquilo

126 | JOGUE A SEU FAVOR

que faz a diferença. Esse é o papel do líder. Conseguir o melhor das pessoas que fazem parte de sua equipe.

Coerência entre o que digo e o que faço. Não tenho grandes contradições, mas muitas vezes exagero ou me pego defendendo um ponto de vista que não é bem aquele em que acredito.

Às vezes, falo para ficar bem na foto, por ser politicamente correto ou para agradar interlocutores, sobretudo meus superiores hierárquicos. Tenho de me policiar nisso. Um dia a verdade aparece e posso ficar constrangida.

De novo, como líder, minha tolerância a esses pequenos deslizes tem de ser zero. E preciso incentivar toda a minha equipe a observar essa coerência.

Inteligência emocional. Durante o tempo em que trabalhei como assistente na fábrica, notava em alguns empreendedores e executivos certa falta de sensibilidade no trato com as pessoas e entre eles em diversas circunstâncias. Observava o "pavio curto", a falta de equilíbrio em determinadas situações de crise, além do consumo exagerado de álcool, cigarro ou até mesmo drogas ilícitas.

Felizmente, não tenho nenhum desses problemas nem sintomas, mas preciso estar muito alerta, porque na posição de líder da empresa tenho não apenas de *dar* o exemplo, mas *ser* o exemplo para minha equipe. Assim, certas coisas básicas — como respeito, grau de tolerância à ambiguidade, aceitação de erros meus e alheios e capacidade de gerenciar conflitos inevitáveis com clientes, fornecedores ou até mesmo dentro da equipe — sinalizarão meu grau de inteligência emocional.

Equilíbrio entre as diversas dimensões da vida. Estou consciente de que tenho negligenciado certas áreas da minha vida.

Na **esfera familiar**, cuido bem do meu filho e de outros parentes, mas estou sozinha, sem um companheiro para compartilhar os sonhos, as dificuldades e a caminhada rumo ao futuro. Sinto uma limitação muito grande e uma solidão ainda maior. Não me sinto feliz como acho que mereço e fico até questionando de que adianta o sucesso se o negócio der certo. O que me acalma é saber que meu filho será beneficiário disso, e aí me dedico de corpo e alma. Preciso abrir meu coração e encontrar espaço para desenvolver um relacionamento.

Com relação à **saúde,** também preciso melhorar muito. Já estou em uma idade que exige maiores cuidados e não tenho feito *check-ups* regularmente, com exceção da visita anual ao ginecologista. Na última vez em que me submeti a exames de sangue, há mais de dois anos, minhas taxas de glicemia, colesterol e pressão arterial já estavam um pouco acima do desejável. Confesso que fiquei até com medo de repetir os exames. A médica puxou minha orelha quando me informou os resultados.

Prometi a mim mesma que voltaria a caminhar todos os dias, fazer exercícios regulares e ter uma alimentação mais saudável com menos açúcar e gordura. Não passou do campo das boas intenções. Também não fiz a mamografia, a densitometria óssea nem a colonoscopia que foram solicitadas pela médica. Como compatibilizar a pressão de trabalhar por conta própria, tocar um negócio e cuidar melhor da saúde?

Também devo cuidar da minha **cidadania**. Sempre sonhei em participar de um projeto social ou ambiental. Toda vez que leio uma matéria ou vejo na televisão iniciativas nesse campo, fico empolgada e com vontade de me inscrever em uma ONG para fazer algo concreto. Mas nunca tive tempo. Será que terei agora? Haverá dentro do meu próprio negócio a possibilidade de fazer algo ao mesmo tempo benéfico para a comunidade e minha empresa? Suponho que a participação em instituições do gênero pode me ajudar até a desenvolver **relacionamentos** que sejam úteis para o meu negócio ou para minha vida pessoal.

E por falar em amizades, hoje tenho três ou quatro pessoas com quem posso contar e considero amigas. Mas é muito pouco. Preciso resgatar amizades que foram ficando pelo caminho.

Preciso também recuperar a minha **vida espiritual**. Não estou pensando em praticar uma religião ou frequentar algum culto específico, mas em espiritualidade. No passado, eu refletia mais, lia textos que me transportavam do meu cotidiano e me punham em contato mais com a minha essência. Isso foi se esvaziando quando comecei a trabalhar na fábrica. Resumiu-se a uma ida ocasional à igreja, como se fosse uma obrigação. Preciso cuidar melhor da minha alma.

Acredito que essas dimensões mencionadas — Saúde, Família, Cidadania, Amigos, Vida espiritual —, se bem cuidadas, muito me ajudarão a ter sucesso na minha atividade empreendedora e facilitarão minha realização profissional e financeira.

Infelizmente, muita gente acha que essas dimensões da vida têm "soma zero", isto é, cuidar delas significa sacrificar o trabalho, roubando tempo e energia que deveriam ser empregados no negócio. Mas, se eu perder minha saúde, aí sim o negócio ficará inviável. E se eu não for feliz com minha família, amigos e comigo mesma perderei o entusiasmo e as motivações intrínsecas que me darão forças para enfrentar as dificuldades e os obstáculos inerentes a qualquer negócio.

Enquanto elaborava essas ideias, fui rabiscando em um bloquinho de papel que havia levado um desenho para melhor materializar esses pensamentos:

Figura 5: Equilíbrio entre as diversas dimensões da vida

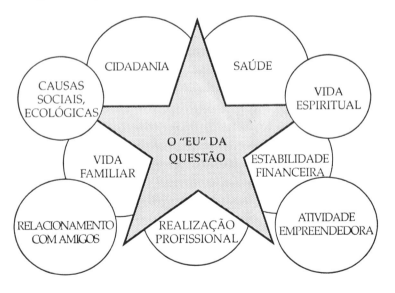

Que nota de 1 a 5 eu me daria em cada uma dessas dimensões? Por onde começar?

Aí passei a traçar uma espécie de Diagnóstico e Plano de Ação. Estava em busca de identificar minha maior vulnerabilidade.

A falta de um companheiro e a saúde saltaram aos olhos como os pontos mais vulneráveis a serem cuidados para aumentar meu nível de felicidade.

Figura 6: Autorreflexão

DIMENSÕES DA VIDA	NOTA DE 1 A 5	DESCRIÇÃO DA SUA SITUAÇÃO ATUAL
SAÚDE		
TRABALHO E CARREIRA		
REALIZAÇÃO FINANCEIRA		
VIDA FAMILIAR		
CIDADANIA		
CAUSAS SOCIAIS, ECOLÓGICAS		
RELACIONAMENTO COM AMIGOS		
VIDA ESPIRITUAL		
ATIVIDADE EMPREENDEDORA		

Além desses fatores, o que mais preciso aprender? Como exercitar o autodesenvolvimento contínuo?

Tenho plena consciência de algumas necessidades pessoais de desenvolvimento a fim de aumentar minhas chances de sucesso na condução do negócio. Por exemplo, sei das minhas deficiências no conhecimento sobre **logística**, que será parte importante para coordenar a operação da empresa. No início, para atender apenas cinco clientes, não terei dificuldades. Mas, quando a demanda começar a crescer, não será fácil coordenar a distância várias equipes simultâneas que estarão trabalhando nas residências de vários clientes.

Já registrei que preciso me capacitar de forma mais profunda sobre a **gestão de uma rede de franquias**. Esse será o vetor do crescimento no futuro e a forma de delegar a operação de modo mais descentralizado, sem criar grande burocracia central.

Uma terceira área em que preciso aumentar o meu conhecimento diz respeito à atividade **comercial**, externa à empresa: como coordenar e motivar uma força de vendas que saiba transmitir o espírito do meu negócio?

Claro que existem outras necessidades de desenvolvimento. Continuarei pensando nisso de forma contínua, pois nunca estarei pronta. Quem está?

Sempre precisarei me aperfeiçoar em algum aspecto da gestão do negócio.

Preciso também mudar algumas **atitudes**. As principais no momento são a gestão do tempo, a disciplina na saúde (exercícios e alimentação) e a abertura para novos relacionamentos. Não posso mais viver fechada em mim mesma!

Para disciplinar os pensamentos, resolvi tirar essas ideias da cabeça e colocá-las no papel. Assim, depois ficará mais fácil tirá-las do papel e transformá-las em realidade:

Figura 7: Plano de autodesenvolvimento contínuo

O "EU" DA QUESTÃO	PLANO DE AUTODESENVOLVIMENTO CONTÍNUO		
	Competência pessoal que preciso desenvolver	Como fazer	Apoio/Mentor	Prazo
1				
2				
3				

	3 atitudes que me comprometo a mudar/assumir
1	
2	
3	

No sábado pela manhã, véspera de voltar para casa, fomos as duas para um banho de cachoeira em uma localidade próxima. Encontramos alguns vizinhos da minha amiga que nos convidaram para um churrasco. Aceitamos e passamos uma tarde bem divertida, com cerveja, carne boa e bastante música. Um deles era muito bom de viola e música sertaneja.

Voltei feliz com os momentos descontraídos e pela disciplina na refeição. Começava a colocar em prática decisões que havia tomado na parte da manhã: fui bastante moderada na bebida, nos carboidratos — farofas, pão, arroz etc. — e na carne, pois fiz questão de escolher fatias com pouca gordura.

Fui dormir cedo, prometendo a mim mesma que no dia seguinte refletiria sobre o maior "calcanhar de Aquiles" dos empreendedores: a sucessão. Não vou cometer o mesmo erro da maioria. Vou planejar ter um substituto mais imediato, caso algo inesperado ocorra. E, aos poucos, engajar meu filho na empresa se perceber que a vocação dele a médio prazo é coerente com a natureza desse negócio.

Outra decisão tomada: assim que voltar, vou procurar meu amigo dono da pousada e compartilhar com ele meus sonhos sobre o negócio e talvez falar um pouco sobre minha vida pessoal. Quem sabe...

Hora de voltar para casa e começar a transformar planos em ações e sonhos em realidade. Estou mais aliviada, pois encontrei o essencial: uma grande convergência entre o Plano de Negócio da empresa e o meu Projeto de Vida Pessoal.

Agora está bem mais claro por que precisamos batizar tal exercício de Plano de Negócio com Alma®.

Estou confiante, motivada e determinada a decolar, crescer, ser feliz e fazer do meu negócio uma história de sucesso.

Muito grata pela paciência em me acompanhar ao longo desta jornada.

Se eu puder retribuir a atenção com que você me privilegiou ao ler este relato, ou se quiser compartilhar alguma ideia ou sugestão, não hesite em entrar em contato comigo no e-mail **ceres@ede.net.br**.

E agora, leitor?

Superdicas para você trabalhar por conta própria

Antes de mergulhar de cabeça em qualquer piscina, é importante verificar, pelo menos, se ela contém água ou se está vazia...

Espero que a trajetória da Ceres tenha inspirado você a pensar sobre sua situação e a encontrar caminhos para enfrentar o desafio de assumir as rédeas do seu destino.

Chamo a sua atenção para o essencial: o mais importante no relato da Ceres não é o **conteúdo** no negócio que ela estruturou. O mais importante é a **metodologia**, a maneira como se formata o modelo de negócio a fim de aumentar suas chances de sucesso. Ela escolheu uma forma mais convencional de prestar o serviço a que se propôs. Ainda que optasse por recursos mais tecnológicos, a metodologia descrita no livro seria igualmente útil para sua atuação.

Fico na torcida para que você supere as adversidades e comece a trabalhar por conta própria, estruture ou reorganize o seu negócio, qualquer que seja o setor e o porte, fazendo-o decolar, crescer e virar exemplo de sucesso — além de fonte de felicidade.

Enumero a seguir **10 superdicas** que podem ser úteis para a sua jornada:

1. Acredite e lute pelos seus sonhos

Procure resgatar ou tirar da gaveta sonhos antigos que sucumbiram à necessidade de trabalhar para "ganhar a vida". Tire-os da cabeça e coloque-os no papel. Analise as coisas que você gosta de fazer, passatempos, e tente verificar se eles podem ser transformados em um negócio. Investigue necessidades não atendidas para certos públicos, como crianças, jovens, adolescentes, idosos, animais de estimação... Certamente, há algo que você sabe e pode fazer e que certo nicho de clientes saberá valorizar. Um lembrete: quem não luta por seus sonhos acaba como coadjuvante dos sonhos dos outros.

2. Dê preferência a atuar no negócio para o qual você tenha vocação e paixão

Não adianta entrar em um negócio só porque está na moda ou porque você leu no jornal que alguém está tendo sucesso com isso. A maior razão de sucesso é quando a pessoa gosta daquilo que faz, tem total identificação e não sente o trabalho como algo obrigatório.

3. Identifique suas competências

Liste os seus pontos fortes, aqueles que precisa melhorar, e mapeie as competências que você deve adquirir para ter sucesso no negócio.

4. Busque aliados

Ninguém consegue fazer nada sozinho, muito menos criar e implantar um negócio, por mais simples que seja. Liste as pessoas com as quais você poderia contar nessa empreitada: alguém da família? Um vizinho? Um amigo? Um colega de clube, igreja, escola?

5. Construa uma rede de relacionamentos

Isso vai muito além de apenas conhecer pessoas. Frequente círculos que podem ser úteis para cultivar clientes, fornecedores, apoios especializados. Promova encontros, explique o que faz. Venda seu peixe de forma elegante, sem ser ostensivo, mas também sem constrangimentos.

6. Inove sempre

Evite fazer mais do mesmo. Faça coisas diferentes ou coisas já existentes de forma diferente. Reinvente-se. Crie um espaço inexplorado no mercado. Idealize o seu "oceano azul", um negócio no qual você possa estabelecer as regras da competição, mesmo que seja um pequeno lago. Mude a perspectiva, amplie a visão e teste outros caminhos ainda não percorridos.

Por exemplo, nas reflexões de Ceres, a possibilidade de desenvolver um aplicativo digital para a próxima fase do negócio pode ser uma solução disruptiva que coloque a empresa dela em outro patamar no futuro.

7. Planeje a execução nos detalhes

Diz o velho ditado que "o diabo reside nos detalhes". Com certeza, muitas empresas incipientes naufragam porque os empreendedores preferem se dedicar a grandes ideias a investir algum tempo na execução, nos detalhes. Planeje, planeje, planeje. Elabore o seu Plano de Negócio com Alma®.

8. Faça um test drive

Antes de implantar o negócio, assinar contratos de aluguel, contratar gente, comprar equipamentos e fazer investimentos, procure testar sua ideia. Desenvolva um protótipo. Vá conversar com potenciais clientes. Faça um estágio em um negócio similar. Exemplo: quer montar uma pousada? Passe um mês em uma delas e sinta como é a dinâmica desse negócio.

9. Tenha um plano B

Prepare-se para a pior situação possível. Não seja pessimista, mas tenha um "plano B" articulado. Pense sempre: "E se..." Tenha alternativas, idealize saídas caso alguns sintomas comecem a aparecer no radar. Promova sua segurança tendo sempre uma reserva financeira que permita a sobrevivência sem endividamento, pelo menos por alguns meses.

10. Cuide-se

Cuide de si próprio de forma tão adequada quanto vai cuidar do negócio. Não deixe de lado a saúde — qual sua taxa de glicemia, colesterol e pressão arterial? —, família, cidadania, integridade, amigos, vida espiritual... Todas essas dimensões são fundamentais para um equilíbrio saudável entre a vida empresarial e a vida pessoal.

Workbook: versão digital

Como uma forma de retribuir a atenção com a qual você acompanhou a história da superação da Ceres, acesse **www.ede.net.br** e receba, como um bônus, a versão digital dessas **superdicas** na forma de um **workbook**.

Sucesso e felicidade!

cesarsouza@ede.net.br

Reproduzimos aqui o material que você encontrará *on-line*:

WORKBOOK

Superdicas para
TRABALHAR
por **CONTA
PRÓPRIA**

1. ACREDITE E LUTE PELOS SEUS SONHOS

Quais eram seus sonhos na infância?

Quais eram seus sonhos na adolescência?

Qual é o seu sonho agora?

2. DÊ PREFERÊNCIA A ATUAR NO NEGÓCIO PARA O QUAL VOCÊ TENHA VOCAÇÃO E PAIXÃO

Liste suas vocações e o seu grau de paixão em cada uma delas

VOCAÇÃO	GRAU DE PAIXÃO (DE 1 A 5)

3. IDENTIFIQUE AS COMPETÊNCIAS A ADQUIRIR

4. BUSQUE ALIADOS

Liste seus principais aliados/apoios

Aliado/Apoio	Justifique

5. CONSTRUA UMA REDE DE RELACIONAMENTOS

Identifique oportunidades para alavancar sua rede de relacionamentos

QUEM PROCURAR	JUSTIFIQUE

6. INOVE SEMPRE

Liste 3 possíveis oportunidades para inovar:

Inovação 1

_____

_____

Inovação 2

_____

_____

Inovação 3

_____

_____

7. PLANEJE A EXECUÇÃO NOS DETALHES

AÇÃO	PRAZO/DATA	APOIOS/RECURSOS

8. FAÇA UM TEST DRIVE

OPORTUNIDADES ONDE IRÁ TESTAR	PRAZO/DATA	AVALIAÇÃO (PÓS TEST DRIVE)

9. TENHA UM PLANO B

Descreva seu plano B, caso algo não funcione:

_____

_____

_____

_____

_____

_____

10. CUIDE-SE

Ações que irá colocar em prática para equilibrar as diversas dimensões da vida

FOCO	AÇÃO/RECURSOS E APOIOS	DATA
Saúde		
Trabalho e carreira		
Realização financeira		
Vida familiar		
Cidadania		
Causas sociais, ecológicas		
Relacionamento com os amigos		
Vida espiritual		

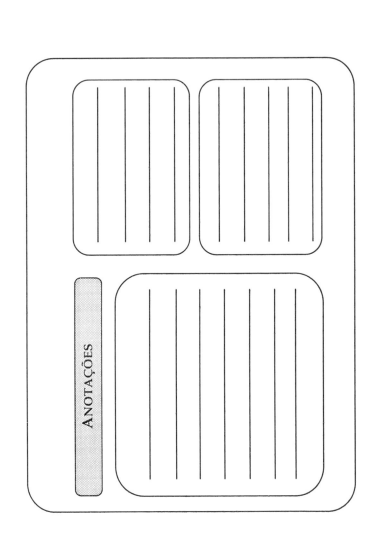

best.
business

Este livro foi composto na tipologia Palatino LT Std Roman,
em corpo 12/18, e impresso em papel off-set 90g/m² no Sistema
Cameron da Divisão Gráfica da Distribuidora Record.